Leila Eleisa Ayach

Der Weg der Seele im Goldenen Zeitalter

Smaragd Verlag

Bitte fordern Sie unser kostenloses Verlagsverzeichnis an:

Smaragd Verlag e.K.
Neuwieder Straße 2
D-56269 Dierdorf
Tel.: 02689-92259-10
Fax: 02689-92259-20
E-Mail: info@smaragd-verlag.de
www.smaragd-verlag.de

Oder besuchen Sie uns im Internet unter der obigen Adresse und melden Sie sich für unseren Newsletter an.

Deutsche Erstausgabe: Juni 2015

Umschlaggestaltung: preData
Satz: preData
Printed in Czech Republic
ISBN 978-3-95531-103-2

Inhalt

Vorwort

Der 21.12.2012 ist längst Vergangenheit, und wir befinden uns in einer neuen Zeitenergie. Selbst bei denjenigen, die sich nicht bewusst mit den Energien der Neuen Zeit beschäftigen, geht dieser Wandel nicht spürbar einher. Jeder Mensch – ohne Ausnahme – spürt diesen großen Wandel. Der eine bewusst, der andere unbewusst. Gerade das Jahr 2013, in dem die vorliegenden Botschaften durchgegeben wurden, unterliegt radikalen Veränderungen. Es ist ein Jahr der Entscheidungen. Ein Jahr, in dem Veränderungen mit einer Heftigkeit stattfinden, die niemanden unberührt lassen. Plötzliche Trennungen – sei es privat oder beruflich – finden statt, genauso schnell zeigen sich neue Wege, und es öffnen sich unerwartet Türen. Es erscheint einem wie ein Entweder-Oder. Unsere Welt durchschreitet eine große Transformation. Eine Unruhe, die niemanden unberührt lässt. Das Alte und das Neue nebeneinander.

In dieser Zeit der oft widersprüchlichen Energien sind die vorliegenden Zeilen durch die Schöpfung durchgegeben wurden. Worte, die uns Mut machen sollen. Worte die uns erklären und uns helfen, mit den Energien dieser Phase der Wandlungen und Transformationen, die uns immer mehr in eine Neue Zeit führen, zurechtzukommen. Zeilen, die uns helfen, Klarheit zu erhalten über unsere eigenen Prozesse, die uns helfen zu verstehen, wo wir momentan stehen und wohin wir gehen.

Sie machen uns Mut, und sie sind ein Geschenk. Sie machen uns Mut und helfen zu erkennen, dass wir auf dem richtigen Weg sind.

Inhaltlich geht es um den Plan Gottes, das, was die Schöpfung für uns vorsieht, wohin der Weg der Menschheit geht, die Charaktereigenschaften, die wir ausbilden. Der zweite Teil beschreibt die Herausforderungen, mit denen wir momentan in den uns noch vorliegenden Jahren der Übergangsphase konfrontiert sind, bis das Neue auf Erden seinen Platz eingenommen hat.

Ich wünsche den Lesern, dass sie durch die vorliegenden Botschaften Mut erhalten, sich in den Botschaften wiedererkennen und auch die Wunder sehen, die in jedem Leben stattfinden.

Vor allem die Erkenntnis, dass wir nicht alleine sind. Dass wir uns in einem All-Ein-Sein befinden und momentan alle die gleichen Herausforderungen und auch Ängste haben. Dass wir letztendlich Menschen sind in einer Zeit des großen Wandels, mit all unseren Schwächen und Stärken, und im Annehmen dessen unseren Weg gehen im Erleben unserer Persönlichkeit und im Leben der Talente, die wir zu geben haben.

Ihre
Leila Eleisa Ayach

I. Der Plan Gottes

1. Liebe

„Geht diesen Weg der Liebe, der euch Glück, Heilung und Vollkommenheit bringt. Wenn ihr liebt, seid ihr im Vertrauen, und wenn ihr anfangt, zu vertrauen, fangt ihr an, zu lieben, und die Liebe ist allgegenwärtig in eurem Leben."

Liebe ist die einzige Wahrheit, die ihr leben könnt. Liebe ist frei von Ego. Liebe ist göttlich. Liebe ist eine Energie, die euch mit dem Schöpfer in euch verbindet. Liebe ist alles, was war, ist und sein wird. Liebe ist zeitlos. Liebe hat keine Grenzen. Liebe ist die größte Herausforderung in eurem menschlichen Erleben, das, was euch am glücklichsten macht und was euch in Abgründe ziehen kann. Liebe ist allumfassend. Liebe ist das, was jeder in sich trägt. Liebe ist das, was ihr alle gemeinsam habt als eure Aufgabe hier auf Erden. Jedes Leben, das nicht in Liebe gelebt wurde, entspricht nicht dem Weg der Seele. Ihr habt alle dieses Geschenk mitbekommen, als ihr in dieses Leben eintratet, und es ist entscheidend für euch, immer den Weg der Liebe zu gehen. Weicht ihr von dem Weg ab, werdet ihr Erfahrungen machen, die euch wieder auf den Weg der Liebe zurückbringen wollen.

Es liegt an euch, wie ihr euch entscheidet. Ihr könnt euch immer wieder für den Weg der Liebe entscheiden.

Es gibt so viele Formen der Liebe, die ihr leben könnt, und jede hat eine andere Energie und Qualität. Die Liebe der Eltern zu ihren Kindern, die Liebe unter Freunden, die Liebe zu den Geschwistern, die Liebe zwischen Mann und Frau, und eure größte Herausforderung: die Liebe zu Allem-was-ist. Die Liebe zur Schöpfung. Die Liebe zu euren Freunden und Geschwistern, den Tieren. Die Liebe zu dem Schönen an sich. Die Liebe zur Mutter Erde, zur Natur...

Und die Liebe zu euch selbst, vergesst das nicht. Nur durch die Liebe zu euch selbst seid ihr in der Lage, die Liebe voll und ganz zu erfassen. Seid ihr gut zu euch, liebt und achtet ihr euch, werdet ihr genau das von eurem Umfeld gespiegelt bekommen. Ihr werdet viel Liebe erfahren und wieder viel Liebe geben können. Das ist ein Zustand der Vollkommenheit. Ihr seid im Einklang mit eurer Seele. Alles Schöne kann in euer Leben eintreten, und ihr erfahrt Glück und Vollkommenheit.

Es gibt so viele Möglichkeiten und Formen der Liebe, und ihr sollt diese unterschiedlichen Formen der Liebe ganz bewusst leben.

Ihr fragt euch, wie Vollkommenheit in einem menschlichen Leben möglich ist? Vollkommenheit ist ein Begriff, der euch überirdisch erscheint. Aber gerade das menschliche Erleben, gelebt in den Momenten der Vollkommenheit, ist das Erhabenste, was erfahren werden kann und immer wieder angestrebt werden sollte.

Seid euch bewusst, wie vollkommen ihr seid, trotz der Polaritäten und der vielen schmerzhaften Erlebnisse in eurem Leben, die eurer Weiterentwicklung und Bewusstseinserhöhung dienen. Gerade diese Erlebnisse im Einklang mit der Seele und in der Liebe, gerade diese Momente bringen euch das Erleben von Vollkommenheit. Genauso soll es sein.

Öffnet euch für die Liebe. Gerade eure zwischenmenschlichen Beziehungen in Form von Frau und Mann machen euch oft das Erleben der Liebe so schwer. Ihr seid verletzt worden. Jeder von euch hat seine Erfahrungen und Geschichten, Momente des Verliebt-Seins, des größten Glücks, und genauso Momente des Scheiterns einer Beziehung, in denen ihr loslassen müsst, in denen die Liebe nicht mehr da ist, in denen ihr unglücklich, nicht mehr ihr selbst seid. Diese Momente gehören zu euren menschlichen Erfahrungen. Aber sie dienen eurer Weiterentwicklung. Manchmal sind die gemeinsamen Lebensaufgaben beendet, und die Wege werden von einem Menschen getrennt, mit dem ihr lange zusammen wart. Es entstehen viele Dramen, Scheidungen, Trennungen. Ihr fügt euch größte Verletzungen zu, fordert ein, und die Momente der gemeinsamen Liebe, die einmal waren, sind vergessen. Ihr fügt euch selbst dadurch großen Schaden zu. In dem Moment, in dem ihr den Partner demütigen und verletzen wollt, verletzt ihr euch selbst. Lasst es. Geht einfach euren Weg weiter. Verschwendet keine Energie mit dem, was war, sondern konzentriert euch auf euch selbst, auf euren Weg. Die Schöpfung kennt euren Schmerz, und genau deswegen werden diese Zeilen geschrieben, damit ihr aufhört, euch weiter zu verletzen, damit ihr weitergeht und offen seid. Jedes Ende ist ein Neuanfang. Die Liebe geht trotzdem weiter. Die Liebe wird, wenn ihr euch öffnet, nie in eurem Leben aufhören, nie! Das ist mein Versprechen an euch. Sie wird weitergelebt durch neue Menschen in eurem Leben, sie geht einfach weiter.

Das ist ein Geheimnis, das ihr noch nicht entdeckt habt, das euch noch nicht bewusst ist. Ihr solltet immer den Weg der Liebe gehen. Wenn eine Partnerschaft nicht mehr funktioniert, wenn ihr spürt, da ist keine Liebe, keine Grundlage mehr, dann solltet ihr weitergehen und euer Leben getrennt leben. Alles andere bringt euch nichts, und ihr begeht eine große Lebenslüge. Seid dankbar für den gemeinsamen Weg, aber geht in Frieden auseinander. Hört auf, euch noch mehr Schmerz zuzufügen. Wenn es vorbei ist, dann ist es vorbei, und wenn ihr offen und bewusst seid, werdet ihr feststellen, dass die Liebe einfach weiterfließt in eurem Leben. Liebevolle Menschen werden euch in dieser schwierigen Zeit unterstützen. Ich werde euch viele Botschafter der Liebe senden, die euch helfen, euch wertschätzen, euch Freude bringen und eure Tränen trocknen. Ich werde euch viele Zeichen senden. Bleibt bewusst, bleibt offen. Lasst auch den Schmerz zu. Eine Trennung schmerzt immer in eurem menschlichen Erleben. Aber ihr werdet erleben, dass ihr nach und nach wieder offen werdet. Dass die Wunden heilen werden, das Stechen im Herzen aufhört – und wenn ihr so weit seid, kann ein neuer Partner in euer Leben treten, mit dem die Liebe in einer noch höheren Qualität gelebt werden kann, weil ihr wieder gewachsen seid.

Deswegen bitte ich euch: Verschließt euch nicht der Liebe. Entscheidet euch immer für den Weg der Liebe, den Weg der Liebe weiterzugehen. Akzeptiert, wenn Wege getrennt werden, wenn manchmal ein Partner nicht bereit ist, den Weg der Liebe zu gehen. Es gibt euren menschlichen Willen, und dieser Wille kann sich auch gegen die Liebe entscheiden. Die Schöpfung kann hier nicht eingreifen. So würde ich gegen die Gesetzmäßigkeiten verstoßen. Ihr wollt alles mit eurem eigenen freien Willen erreichen.

Deswegen geht immer den Weg der Liebe. Wenn ihr vor einer Entscheidung steht, fragt euch, was die Liebe machen würde. Wie würde die Liebe entscheiden?

Liebe lässt los, Liebe ist in Bewegung und doch ruhig und zentriert. Liebe ist nicht zornig. Liebe gibt. Liebe nimmt an. Liebe ist im Gleichgewicht. Liebe ist leise, nicht laut. Liebe ist die treibende Kraft. Ohne Liebe ist euer Leben leer. Ohne Liebe seid ihr verloren, und in eurem menschlichen Erleben kommt nach und nach die Leere. Ihr werdet kalt, fangt an, gegen die Gesetzmäßigkeiten des Lebens zu verstoßen und lebt immer mehr ein Leben in der Lüge. Es ist ein trauriger Weg. Aber ich kann es nicht verhindern, wenn sich manch eine Seele für diesen Weg entscheidet. Irgendwann wird sie es aber auch erkennen und einen anderen Weg wählen, auch wenn es in einem anderen Leben ist und nicht mehr in diesem.

Die Seele ist unsterblich. Die Sichtweise der Schöpfung ist anders, zeitlos. Die Sichtweise der Schöpfung erfolgt in Zyklen, und genauso sieht sie euch auch in ihrem menschlichen Erleben, in Zyklen, die übergangslos von einem Leben ins andere verlaufen, eine Sichtweise, in der ihr in der Geistigen Welt seid und dann voller Freude und Entschlossenheit in ein nächstes Leben eintretet, um euch neu zu erfahren und die Erfahrungen der vergangenen Leben wieder mit einfließen zu lassen. Und warum?

Weil ihr liebt, und auch die Seele, die sich im menschlichen Erleben eine Weile der Liebe verschließt, hört nicht auf zu lieben. Die Liebe ist in diesem Fall wie in einem Kokon eingebettet, kann aber jederzeit wieder aktiviert werden. Es obliegt der Seele, wann es so weit ist.

Ihr könnt es nicht ändern, aber ihr könnt euren Weg weitergehen, und ihr liebt. Und wenn ihr liebt, wird die Liebe in eurem Leben nicht aufhören. Sie wird euch durch so viele liebevolle Menschen gegeben, die euch umgeben, die ich euch sende und die in der gleichen Energie sind wie ihr.

Je bewusster ihr werdet, umso mehr werdet ihr das Geheimnis der Liebe erfassen. Ihr werdet immer lockerer in euren Partnerschaften. Die Spiele der Macht, das Spiel, den Partner an sich zu binden, wird aufhören, weil ihr wisst, dass die Liebe in eurem Leben nie aufhören wird. Also werdet ihr aufhören, Angst zu haben, euren Partner zu verlieren. Umgekehrt wird der Partner, der sonst immer Angst vor der Liebe hatte, aufhören, sich zu verschließen, weil der Druck aufhört, den ihm sein Gegenüber sonst senden würde. Der Partner wird nach und nach seine Ängste abbauen.

Durch dieses Wissen werdet ihr erfüllte Partnerschaften erleben. Ihr seid lockerer, auch weil kein Druck mehr da ist. Ihr seid frei in eurer Liebe. Ihr lasst den anderen so sein, wie er ist. Es gibt keine Verpflichtungen, keine Vorwürfe, keine Diskussionen um Nichtigkeiten, die eine einzige Ursache haben: die Angst davor, dass eines Tages die Liebe in eurem Leben aufhören könnte.

Hier befindet sich der Schlüssel. Das Geheimnis der Liebe ist, dass die Liebe nicht in eurem Leben aufhört, auch wenn eine Beziehung in die Brüche geht, auch wenn der Partner euch verlässt. Für die Liebe in eurem Leben spielt es keine Rolle, dann lebt ihr sie mit anderen Menschen, die in eurer Leben treten.

Fangt an, euch dessen bewusst zu werden. Fangt an, lockerer zu werden. Lasst den Schmerz zu, trauert um eine vergangene Partnerschaft, aber seid euch bewusst, dass die Liebe nicht aufhört. Die Liebe geht weiter. Ihr sollt nicht ohne Liebe sein. Ich habe nie ein Leben für euch vorgesehen, in dem es keinen Partner mehr geben soll, der mit euch die Liebe des Herzens und auf der körperlichen Ebene teilt. Mit dem ihr eurer Sein und eure Eindrücke teilen könnt, aber trotzdem jeder in seiner Persönlichkeit und in seiner Freiheit bleibt, den jeweiligen Weg der Seele weiterzugehen. Lasst euch von der Liebe überraschen. Ihr sollt einfach nur eins sein: offen. Seid offen für Wunder. Seid offen für Begegnungen. Seid offen. Verschließt euch nie der Liebe, auch wenn ihr meint, nicht mehr an sie zu glauben. Tief in eurem Unterbewusstsein könnt ihr gar nicht aufhören, daran zu glauben.

Geht den Weg der Liebe. Ihr habt es verdient. Jeder von euch hat es verdient, ein Leben in der Liebe zu leben. Jeder von euch hat es verdient, glücklich in einer Partnerschaft zu sein.

Ich sende euch die Liebe. Ihr wiederum müsst bereit sein, das Falsche und die Lügen in eurem Leben loszulassen. Schaut genau hin. Ihr müsst bereit sein, dass die Schöpfung in eurem Leben aufräumen möchte, um euch von dem Ballast zu befreien, der der Liebe im Wege steht.

Deswegen lasst es fließen. Nehmt auch die Dinge an, die euch zuerst nicht gefallen, betrachtet das Ganze zu einem späteren Zeitpunkt erneut und schaut, was für ein Geschenk derweil in euer Leben eingetreten ist. Durch diese Beobachtung und Wahrnehmung lernt ihr nach und nach, wie die Schöpfung arbeitet, wie sie euch führt, wie sie euch leitet, wie sie euch aber auch schützt.

Wunder treten in euer Leben. Aber seid auch dafür bereit.

Ich sehe nichts anders für euch vor als ein Leben in der Liebe, ein Leben in Erfüllung. Ihr selbst müsst es zulassen. Ihr müsst aufhören, euch selbst zu sabotieren und zu verletzen.

Seid achtsam, geht euren Weg, folgt immer dem Weg eures Herzens. Und wenn ihr gegen euer Herz handelt, helfe ich euch, wieder den richtigen Weg zu finden. Ihr müsst es nur wollen und bereit sein.

Niemand von euch soll leiden. Die Schöpfung sieht kein Leid für euch vor. Euer menschlicher Wille führt euch ins Leid, aber genauso könnt ihr euch für ein Leben entscheiden, das erfüllt und glücklich ist. Dieses Leben tritt automatisch ein, wenn ihr immer bewusster werdet, wenn ihr vertraut, wenn ihr loslasst, wenn ihr ganz bewusst in der Liebe sein wollt.

Beobachtet euch selbst. Beobachtet euer Umfeld. Beobachtet, wo all diese Momente der Liebe sind. Ein aufmunterndes Wort eines Arbeitskollegen, eine liebe Nachricht, die euch unerwartet erreicht, ein schöner Abend mit Freunden, ein Mensch, der euer Herz berührt. Ein Buch, ein Film, der euch zum Weinen bringt, weil er eine unbekannte Seite in eurem Herzen berührt hat und einen versteckten Hinweis für euch bereithält. All dies sind meine Boten, meine Zeichen, meine Führung, die euch euren Weg der Liebe aufzeigen soll.

Geht diesen Weg der Liebe, der euch Glück, Heilung und Vollkommenheit bringt. Wenn ihr liebt, seid ihr im Vertrauen, und wenn ihr anfangt zu vertrauen, fangt ihr an zu lieben, und die Liebe ist allgegenwärtig in eurem Leben.

2. Vertrauen

„...denn ihr erkennt, dass hinter diesem scheinbaren Stopp, diesem angeblichen Zusammenbruch, dieser plötzlich auftretenden, für euch radikal erscheinenden Veränderung, die angeblich ein langen beschwerlichen Weg für euch andeutet, eine für euch unbekannte Abkürzung mit einem großen Segen liegt...

Falls ihr euch momentan in einer Situation befindet, in der ihr tief im Zweifel und in der Verzweiflung steckt, erinnert euch an meine Worte, lest sie euch durch, und ihr werdet spüren, wie euch eine tiefe Ruhe überkommt, weil ich dabei bin, den Weg freizumachen für euch – auf scheinbar unbekannten Wegen im Einklang mit den Visionen eures Herzens."

Vertraut ihr, ist das Leben im Fluss. Dann seid ihr gelassen, in euch ruhend. Ihr nehmt die Dinge so, wie sie kommen, in dem Wissen, dass für euch gesorgt wird, dass es gut ist. Euer Weg prüft euch immer wieder in eurem Vertrauen. Ihr habt diese Prüfungen selbst so festgelegt, eure Seele hat es so festgelegt, in dem Wunsch, dass ihr immer mehr in eurem menschlichen Sein verankert seid, zentriert, in euch ruhend. Letztendlich, um euch selbst zu prüfen und zu erfahren, wie weit ihr seid, woran ihr noch arbeiten müsst.

Es ist eine große menschliche Herausforderung, zu vertrauen. Vertrauen geht Hand in Hand mit Loslassen. Vertraut ihr, beherrscht ihr automatisch die Gabe des Loslassens. Des Loslassens eurer Ängste, Situationen, Umstände und Dinge, die nicht mehr in euer Leben passen und den Weg eurer Seele beeinträchtigen.

Es ist ein ständiges Training. Immer wieder werdet ihr in eurem Vertrauen geprüft, um euch noch stärker zu machen, noch bewusster, noch gelassener, und um der Führung der Schöpfung leichter zu folgen. Ihr könnt eure Visionen erkennen und beschließen, den Weg eurer Seele zu gehen. Ihr erkennt eure Ziele, die eure Seele in diesem Leben verwirklichen möchte. Ihr erkennt eure Wahrheit, ihr wollt den Weg eurer Seele gehen. Fangt ihr an, diesen Weg zu gehen, müsst ihr lernen, zu vertrauen. Dann werdet ihr von euch, von eurer Seele trainiert. Denn ihr lernt, meiner Führung zu vertrauen. Ihr seid euch eurer Herzenswünsche und eurer Ziele bewusst und folgt dem Ruf eures Herzens. Genau das erfordert Vertrauen in euch, in meine Führung, Vertrauen in den Ruf eures Herzens, denn der Weg dorthin wird ein ganz anderer sein, als ihr es euch vorstellt. Den Weg dorthin könnt ihr nicht bestimmen, denn er wird immer anders laufen als ihr glaubt, weil ihr nicht das komplette Bild erkennen könnt. Das kann nur die Schöpfung, eure Seele, eure Begleiter aus der Geistigen Welt. Deswegen ist es so wichtig für euch, zu vertrauen. So werdet ihr innerlich geschmeidig, biegsam und flexibel. Ihr fangt erst gar nicht an, den Weg zu euren Zielen komplett festzulegen, ihr legt eher kleine Etappen fest, in dem Wissen, dass eins das andere ergeben wird. Oft kommt es für euch zu scheinbaren Umwegen, die in Wirklichkeit Abkürzungen sind. Seid ihr ohne Vertrauen, würdet ihr euch komplett gegen diese Wege wehren, die nicht eurer Vorstellung entsprechen. Ihr würdet unnötig alles verzögern und blockieren, Druck würde entstehen, der wiederum Gegendruck erzeugt.

Deswegen seid gelassen, seid flexibel, lasst euch überraschen, beißt euch nicht fest und nehmt die Dinge so, wie sie kommen. Wenn etwas nicht auf Anhieb funktioniert, steckt dahinter eine größere Weisheit. Vielleicht ist ja noch nicht der richtige Zeitpunkt. Vielleicht ist die Vision eurer Seele noch nicht vollständig erfasst, und es müssen erst noch bestimmte Dinge in euer Leben eintreten, die wichtig für das weitere Vorgehen sind. Deswegen nehmt es so, wie es ist, und versucht nicht, etwas mit Druck zu erzwingen. Alles, was eure Seele für euch vorgesehen hat, all die Visionen, die wirklich eurem Herzen entspringen und nicht eurem Ego, all dies ist die Wahrheit eurer Seele, wird sich in diesem Leben manifestieren und von euch in die Materie gebracht.

Das ist das Wunderbare an eurem Leben – Gedanken und Visionen in die Materie zu bringen.

Das Neue Zeitalter mit seinen Neuen Energien sieht vor, dass nur noch die Visionen in die Materie transferiert werden können, die dem Herzen und der Seele entspringen. Die dunklen Visionen sollen keine Macht mehr haben, sie haben euch zu lange gesteuert, eure Mutter Erde krank gemacht und Unglück über die Menschheit gebracht. Nun ist es anders. Es wird nur noch das in Erfüllung gehen, was dem Herzen entspringt. Gestaltet und visualisiert euer Leben aus dem Herzen heraus. Das ist einer der Gründe, warum ihr momentan oft in einer „Warteposition" gehalten werdet. Was bleibt übrig von dieser Zeit des Wartens? Welche Visionen sind nach wie vor vorhanden? Habt ihr gewisse Veränderungen vorgenommen, sind manche Gedanken einfach verschwunden? Kann es sein, dass die Zeit des Wartens eine Art Reinigung war, um euch von Visionen zu trennen, die dem Ego entsprungen sind?

Schaut hin, vertraut. Der Weg eurer Seele bringt euch nur Liebe und Reichtum auf allen Ebenen. Nichts anderes ist für euch vorgesehen, und jede Seele hat ihren Weg selbst definiert, der sie glücklich macht. Und jeder gelebte Weg wird auf Erden gebraucht, denn ihr seid alles eins, und die Vision des Einzelnen geht Hand in Hand mit der Vision des Ganzen, Hand in Hand mit dem höchsten göttlichen Plan des Lichts.

Deswegen lernt, zu vertrauen, hört nie auf, dem Leben zu vertrauen. Nehmt die Dinge so an, wie sie kommen. Hört nicht auf, an euch zu glauben. Geht euren Weg. Geht euren Weg in der Liebe, und geht ihn voller Vertrauen.

Ich weiß, wie schwierig es oft für euch ist, zu vertrauen. Ich weiß um eure Momente, in denen ihr zweifelt – an euch, an eurem Leben, an mir und meiner Führung. Diese Momente des Zweifelns gehören zu eurem menschlichen Erleben dazu, sie sind eine Art Reinigung, in der ihr euren Ängsten freien Lauf lasst, damit ich sie für euch reinigen und transformieren kann und euch durch die Angst weiter ins Vertrauen bringe.

Lernt zu vertrauen, dass ihr vertrauen könnt. Lernt zu vertrauen, dass ihr lernen könnt, zu vertrauen.

Findet immer wieder zu euch. Auch wenn das Leben euch immer wieder aus der Bahn wirft, weil ihr anschauen sollt, wie es mit eurem Vertrauen steht, inwieweit ihr im Vertrauen verankert seid oder auch nicht, weil ihr anschauen sollt, wo noch eure Verhaltensmuster sind, die euch immer wieder blockieren, die angeschaut, geheilt und transformiert werden sollen und werden.

Je mehr ihr euer Leben bewusst betrachtet, desto mehr werdet ihr euch meiner Führung bewusst, und desto mehr könnt ihr vertrauen.

Seid ihr im Vertrauen, seid ihr offen, flexibel, und ich kann euch besser meine Führung zukommen lassen.

Seid euch meiner Liebe bewusst. Wie könnte die Schöpfung euch schaden wollen oder gar bestrafen? Das gibt es nicht. Ihr bestraft euch selbst. Ihr bestraft euch, indem ihr euch selbst nicht wertschätzt und nicht an euch glaubt. Ändert eure Einstellung zu euch. Glaubt an euch.

Schaut, mit welchen Menschen ihr euch umgebt. Schaut euer Umfeld an. Ermutigt euch euer Umfeld oder versucht es – bedingt durch Neid und dem Gewahrsein eurer Größe –, euch von eurem Weg abzubringen und bringt euch damit aus der Ruhe, aus dem Vertrauen?

Vermeidet die Neinsager, umgebt euch mit dem Edlen, der seinen Weg geht und sich genauso der Visionen seiner Seele bewusst ist und euch ermutigt. Das gehört auch dazu. Ich sende euch menschliche Engel, wenn ihr es zulasst. Dazu müsst ihr aber auch euer Umfeld analysieren und euch nur noch mit den Menschen umgeben, die euch guttun, die euch ermutigen, die an euch glauben, die im Vertrauen sind. Es gehört mit zu dem Weg jedes Einzelnen, sich gegenseitig zu ermuntern, sich Mut zu machen, sich gegenseitig aufzurichten, aneinander zu glauben. Die Neinsager haben ihren Weg noch nicht gefunden, müssen sich selbst erst noch finden, und wenn sie es wollen, werden sie es auch. Jeder von euch trägt den Wunsch in sich, im Einklang mit seiner Seele seinen Weg zu gehen und sein Leben zu leben. Jede Seele – ohne Ausnahme – sehnt sich danach.

Deswegen habe ich euch die Sehnsucht mit in die Wiege gelegt.

Je mehr ihr im Vertrauen den Weg eurer Seele geht, desto mehr wird sich euer Umfeld ändern und immer mehr eure Energie widerspiegeln. Je mehr ihr vertraut, desto mehr Unterstützung und Halt werdet ihr in eurem Umfeld finden. Wenn ihr JA sagt zu dem Weg eurer Seele, wenn ihr bewusst diesen Weg gehen wollt, werde ich euch Hilfe senden und eure Ängste nach und nach abbauen. Denn diese Hilfe ist in eurem Seelenplan integriert. Mit dem Abbau eurer Ängste werdet ihr immer mehr in euch zentriert und fangt an, zu vertrauen. Ihr werdet in euch spüren, dass ihr gehalten werdet. Solltet ihr in eine schwierige Situation kommen, die eine große Veränderung in euer Leben bringt, um die Visionen eurer Seele umzusetzen, werdet ihr trotz allem spüren, dass ihr im Vergleich zu früheren Erlebnissen nicht fallt, dass da eine Kraft in euch ist, die euch hält, die bewirkt, dass ihr weitergehen könnt, obwohl ihr vielleicht in diesen Momenten nicht wisst, wie es weitergehen soll. Ihr werdet Botschaften von mir erhalten, und ich werde euch Menschen schicken, die euch nach und nach helfen, diese scheinbare schwierige Situation zu verstehen. Nach und nach werdet ihr den Segen erfahren, der dahinter steckt, und ihr könnt wieder mehr im Vertrauen euren Weg weitergehen. Denn ihr erkennt, dass hinter diesem scheinbaren Stopp, diesem angeblichen Zusammenbruch, dieser plötzlich auftretenden, für euch radikal erscheinenden Veränderung, die angeblich einen langen beschwerlichen Weg für euch andeutet, eine für euch unbekannte Abkürzung mit einem großen Segen liegt.

Falls ihr euch momentan in einer Situation befindet, in der ihr tief im Zweifel und in der Verzweiflung steckt, erinnert euch an meine Worte. Lest sie euch durch, und ihr werdet spüren, wie euch eine tiefe Ruhe überkommt, weil ich dabei bin, den Weg für euch freizumachen – auf scheinbar unbekannten Wegen und im Einklang mit den Visionen eures Herzens.

☆☆☆

3. Harmonie

„Eure Welt wird sich langfristig auf wundersame Weise wandeln. Durch das Erwachen der Harmonie in jedem Einzelnen von euch wird euer gesamter Planet, Mutter Erde, wieder in Harmonie erstrahlen können. Alles, was gegen die Harmonie ist, wird von eurem Planeten verschwinden. Euer einst kranker und verschandelter Planet wird sich wieder in einen Planeten voller Harmonie und Ästhetik verwandeln, weil sich seine Bewohner gewandelt haben."

Eure Seele sehnt sich nach Harmonie – nach Harmonie in, mit euch, mit eurem Umfeld. Alles hat seinen Platz, alles befindet sich im Gleichgewicht. Alles ist im Einklang mit dem höchsten göttlichen Plan des Lichts, im Einklang mit Allem-was-ist, im Einklang mit dem Höheren.

Ihr sucht die Harmonie. Ihr sucht sie in der Musik, in euren Gemälden, in eurer Kunst, in den Dingen, mit denen ihr euch umgebt. Ihr nehmt die Harmonie in eurem Empfinden von Schönheit und Ästhetik wahr. Es ist die Sehnsucht nach dem Höheren, die ihr mit euren Sinnen erfassen könnt.

Harmonie, Schönheit und Ästhetik – danach sucht ihr in eurem Leben. Darin findet euer Sein seinen Ausdruck.

Ihr befindet euch in der Materie, und das ist das Wundervolle, denn innerhalb dieser Materie könnt ihr eurem Sein Ausdruck verleihen, in der Art, wie ihr euch gebt, wie ihr euch bewegt, eure Art, euch anzuziehen, die Musik, die ihr hört, wie ihr euer Zuhause gestaltet, das Parfüm, das ihr tragt, usw. All diese Dinge sind ein Ausdruck eures Seins. Und das ist wundervoll.

Deswegen lasst die Vielfalt zu. Seid mutig. Schaut, dass ihr eurem Sein durch die Dinge, mit denen ihr euch umgebt, Ausdruck verleiht. Ihr lebt in der Materie, nutzt sie. Deswegen seid ihr in diesem menschlichen Körper inkarniert, um euch innerhalb der Materie selbst zu erfahren. Ihr bringt eure Gedankenformen und Visionen in die Materie.

Oft ist es so, dass, wenn sich etwas in euch verändert, ihr anfangt, euch von Gegenständen zu trennen, die nicht mehr für euch stimmig sind, und sie durch andere zu ersetzen. Eure Frisur verändert sich, ihr kleidet euch anders. Nach und nach finden Veränderungen in eurem Äußeren statt, und das ist ein Spiegel eurer inneren Empfindungen.

Genauso, wie ihr euch kontinuierlich verändert, verändert sich die ganze Menschheit. Die Mode, eure Architektur usw. zeigen es nur zu gut. Eure sogenannten Trends, das, was als modern gilt, was angesagt ist. Und innerhalb dieses Ganzen seid ihr. Folgt ihr einem Trend, oder seid ihr es, die den Trend mit auslösen? Wie stark seid ihr in eurer Persönlichkeit verankert, euch selbst zu leben und eurem Selbst einen Ausdruck zu verleihen? Wie sehr seid ihr mit euch in Harmonie, dass ihr eure Persönlichkeit auch so zum Ausdruck bringt, dass sie sich in eurem Einrichtungsstil, in eurem Kleidungsstil widerspiegelt und somit eure innere Harmonie zum Ausdruck bringt?

Seid mutig, lebt euren Stil. Lebt euren ganz persönlichen Stil. Lebt die Materie. Liebt die Materie. Es ist Voraussetzung, tief verankert in der Materie zu sein, genauso tief, wie im Herzen den Weg der Seele zu gehen und seinem Selbst auch über die Materie Ausdruck zu verschaffen.

Dort liegt auch eine der Ursachen, wenn ihr materielle Probleme habt. Ihr seid so im Geistigen, dass ihr die Materie vernachlässigt. Ihr seid dann nicht im Gleichgewicht, sondern befindet euch außerhalb der Harmonie, weil ihr euer Instrument vernachlässigt. Das ist doch genau eure Lebensaufgabe hier auf Erden: Geist und Materie zu leben. Deswegen habt Freude an der Kunst, an der Musik, an den Sinnesfreuden, an den Farben, an eurer Kleidung, eurer Einrichtung, an schönen Düften, am Kerzenschein. Habt Freude an eurem Körper. Pflegt und achtet euren Körper. Vernachlässigt euch nicht. Es ist wichtig für euer Empfinden, für eure Selbstliebe.

Die Trends in der Kunst und Architektur, in der Mode und all euren materiellen Dingen spiegeln wider, wie sehr ihr euch in der Harmonie befindet. Wie sehen die Bilder aus, die euch gefallen? Sind es dunkle Themen, die euch ansprechen und dadurch zum Ausdruck bringen, was in euch noch geheilt werden muss? Oder spiegeln sie Themen der Schönheit und Harmonie, sind es bunte Farben, die euch anziehen? Wie lebt ihr? Spielen die Räumlichkeiten, in denen ihr euch befindet, keine Rolle? Oder sind sie bereits ein Ausdruck eures Selbst? Wie viel Raum benötigt ihr? Ist es sehr wenig, oder braucht ihr immer mehr Raum um euch? Reicht der Raum plötzlich nicht mehr aus, der bis dahin für euch in Ordnung war? Das ist ein Ausdruck, dass ihr euch mehr wahrnehmt und euch eures Raums bewusst seid, den ihr für eure Entwicklung braucht.

Ihr sehnt euch so sehr nach Harmonie. Umgebt euch mit ihr. Seid euch dieses Ausdrucks bewusst.

Wenn ihr euch in einer Disharmonie befindet, fangt an, Orte und Räumlichkeiten der Harmonie aufzusuchen oder umgebt euch mit harmonischen Klängen. Sie bringen euch wieder ins Gleichgewicht.

Eure großen Meister der Musik und der Kunst, eure weltberühmten Gebäude, gebaut von Architekten, die sich selbst und der Bedeutung der Harmonie als Ausdruck von etwas Höherem bewusst waren, wussten um die Geheimnisse, wie das Außen die Menschen in die Harmonie bringen kann.

Je bewusster ihr werdet, umso mehr werdet ihr eurem Selbst im Außen Ausdruck verleihen.

Je bewusster die ganze Menschheit wird, desto individueller werden eure Räumlichkeiten, euer Kleidungsstil, die Dinge, mit denen ihr euch umgebt. Durch diese gelebte Individualität und die Sehnsucht nach der eigenen inneren Harmonie wird die Individualität in eurem täglichen Leben wachsen und wahrgenommen. Eure Welt wird euch wie ein wunderschönes Musikstück oder Gemälde erscheinen. Jeder spielt seinen Ton und lebt seine Farbe. Trotzdem harmoniert alles, die einzelnen Instrumente ergeben zusammen ein wunderschönes Musikstück, und durch die unterschiedlichen Farben entsteht ein Gemälde voller Erhabenheit.

Deswegen lebt eure Harmonie, verleiht eurem Selbst Ausdruck, und eure gesamte Welt wird farbenfroh und voller Klänge, in der alles seinen Platz findet, weil jeder Ton und jede Farbe sich im Einklang befindet mit dem höchsten göttlichen Plan des Lichts und so eine neue Erde voller Schönheit und Ästhetik erschafft.

Je bewusster jeder Mensch auf Erden wird und sein Empfinden für die eigene Schönheit und Harmonie lebt, desto mehr werden das Dunkle und Hässliche auf eurem Planeten verschwinden.

In diesem Zustand könnt ihr nicht mehr achtlos euren Heimatplaneten verschmutzen, in diesem Zustand könnt ihr anderen Wesen kein Leid mehr zufügen. In diesem Zustand könnt ihr nicht mehr Häuser und Wohnungen bauen, die eng, dunkel und unpersönlich sind und die Harmonie des ganzen Ortes durcheinanderbringen, weil sich dieses Haus nicht harmonisch in die Umgebung einfügt.

Das wird es alles nicht mehr geben. Hinzu kommt, dass die Gebäude, die gegen das Harmoniebedürfnis bewusster Menschen verstoßen, nach und nach leerstehen werden.

Eure Welt wird sich langfristig auf wundersame Weise wandeln. Durch das Erwachen der Harmonie in jedem Einzelnen von euch wird euer gesamter Planet, Mutter Erde, wieder in Harmonie erstrahlen können. Alles, was nicht in Harmonie ist, wird von eurem Planeten verschwinden. Euer einst kranker und verschandelter Planet wird sich wieder in einen Planeten voller Harmonie und Ästhetik verwandeln, weil sich seine Bewohner gewandelt haben.

☆☆☆

4. Frieden

„Ihr habt euch entschlossen, wieder den Himmel auf Erden zu errichten. Ein göttlicher Mensch auf Erden im Bewusstsein seiner selbst. Nicht mehr ein Gegeneinander, sondern ein Miteinander. Ihr schaut in die Herzen, ihr erkennt das Herz eines jeden Einzelnen. Vorbei die vielen Äußerlichkeiten, mit denen ihr eure Mitmenschen bewertet. Es ist das Herz, wohin ihr schaut."

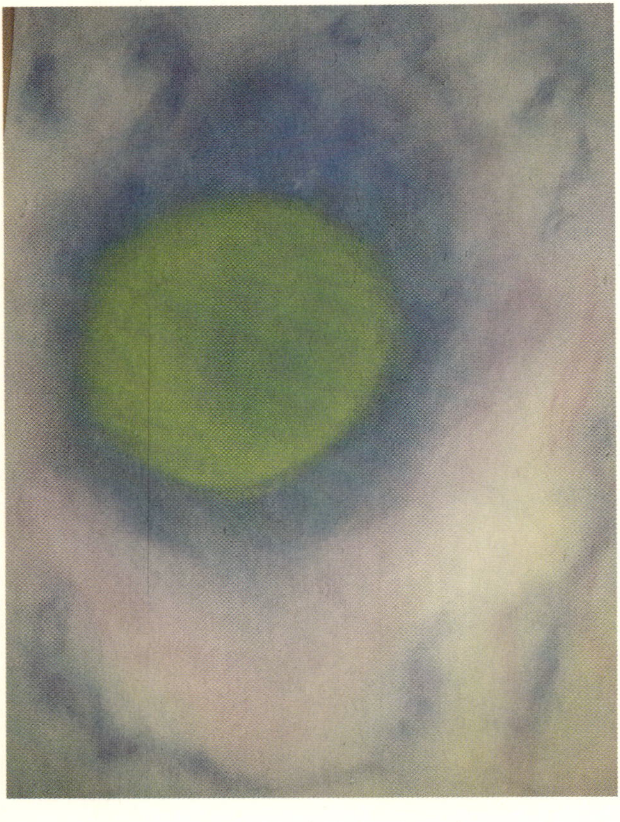

Frieden im Herzen ist das Ergebnis von Harmonie, Vertrauen und großer Liebe zu Allem-was-ist.

Du bist in dir zentriert, du bist gelassen und ruhig. Nichts bringt dich aus der Bahn. Es ist ein Zustand der inneren Ruhe, egal, was ist, egal, welche Umstände momentan herrschen. Du ruhst in dir und strahlst diese Ruhe wiederum auf dein Umfeld aus, das automatisch auch ruhiger wird.

Du siehst, welch große heilende Wirkung der Frieden in dir auslöst.

Frieden ist ein Zustand frei von Emotionen. Er ist wieder anders wie die Freude. In der Freude bist du aufgeregt, emotional. Frieden ist frei von Emotionen. Es ist ein Zustand frei von Schmerz, frei von Aufregung, frei, etwas erzwingen zu wollen. Frieden ist in sich ruhend...Gelassenheit.

Je bewusster ihr euren Weg geht, desto öfter werdet ihr in diesen Zustand gelangen. Ihr seid wie ein Kraftort, ihr seid nicht nur in euch verankert, sondern strahlt diese Ruhe, Kraft und Gelassenheit auf euer Umfeld, wirkt heilend und bringt hochgekochte Emotionen, Wut, Aggressionen in die Ruhe.

Bei einem Mensch, der im Frieden ist, kann das Gegenüber keine negative emotionale Reaktion auslösen.

Sollte euer Gegenüber aufgebracht sein und versuchen, euch in irgendeiner Form anzugreifen, greift er ins Leere. Seine Aufgebrachtheit löst nichts in euch aus. Ihr seid im Frieden, ihr seid ruhig, gelassen. Nichts bringt euch aus der Ruhe. Eurem Gegenüber werden automatisch die Waffen aus der Hand genommen, er wird gezwungen, nachzudenken und seine Verhaltensweisen zu ändern.

Nicht immer seid ihr im Frieden. Oft werdet ihr aus eurer Mitte geworfen, seid aufgebracht, wütend, traurig, frustriert. Das sind die Polaritäten eures menschlichen Erlebens. Lebt auch dieses Emotionen.

Es ist kein Widerspruch, sondern sie sind ein Teil des Erlebens von tiefem Frieden. Unterdrückt keine Emotionen, lasst sie raus. Seid wütend, seid aufgebracht, seid traurig, weint, seid einfach mal nicht im Gleichgewicht. Reinigt euch. Lasst all das raus. Vielleicht könnt ihr anfangen, es ganz bewusst zu praktizieren. Geht bewusst in den Unfrieden. Und dann beobachtet, wie ihr euch nach und nach in den Frieden bringt. Ihr müsst diese Polaritäten erfahren, um überhaupt zu spüren, was Frieden ist.

Hinzu kommt, dass euch dieses bewusste Hinschauen großes Mitgefühl für eure Mitmenschen bringt, weil es euch ja genauso geht, ihr geratet genauso aus dem Ungleichgewicht, und genauso bringt ihr euch wieder in ein Gleichgewicht.

Deswegen seid auch im Frieden mit eurem Unfrieden, umso schneller kommt ihr wieder in das Erleben des Friedens.

Werdet bewusst. Werdet immer bewusster. Schaut euch eure Verhaltensmuster an. Welche Ereignisse bringen euch aus dem Gleichgewicht? Was bringt euch wieder ins Gleichgewicht?

Wie stark seid ihr im Vertrauen verankert? Wie mutig seid ihr, trotz eurer Ängste weiterzugehen, euch zu überwinden und dann zu erfahren, wie sich diese Angst einfach so auflöst, indem ihr durch sie hindurchgeht? Inwieweit tragen diese Erfahrungen zu eurem inneren Frieden bei?

So, wie ihr euch euren inneren Frieden wünscht, wünscht ihr euch den Frieden auf Erden. Aber da liegt der Schlüssel. Je mehr Bewusstsein auf Erden, je mehr jeder Einzelne anfängt, seinen Charakter auszubilden, desto näher kommt ihr dem Ziel des Friedens, was euch momentan vielleicht noch unmöglich erscheint. Das Bewusstsein, die Arbeit jedes Einzelnen an sich, verändert euren Planeten. Ihr seid zu Beginn des Goldenen Zeitalters. Arbeitet an euch. Geht immer bewusster euren Weg. Schaut hin. Schaut euch an. Was sind eure Visionen, was sind eure Wünsche, die eurem Herzen entsprechen? Sind das Unfrieden, Gewalt, Streitigkeit, Zwist? Mit Sicherheit nicht. Erinnert ihr euch an meine Worte, dass sich nur noch die Wünsche auf Erden manifestieren können, die dem Herzen entspringen und im Einklang mit der Seele sind. Alle anderen Wünsche und Handlungen, die dem Ego entstammen, werden nach und nach ins Leere laufen und ihre Wirkung verlieren.

Momentan tobt das Ego auf Erden, ein letztes großes Aufbäumen. Aber nach und nach wird es seine Kraft verlieren. Ganz weg wird es nie sein. Es gehört zu euch in dieser Welt der Polaritäten, aber es wird nicht mehr die Oberhand haben. Das Herz ist es. Ihr könnt nur noch aus dem Herzen leben, und je mehr ihr aus dem Herzen lebt, desto mehr werdet ihr Frieden erfahren.

Was gibt es denn Schöneres auf eurem Planeten? Wie lange hat euer Ego euren menschlichen Weg bestimmt und nach und nach euren Planeten verdunkelt? Wie viel menschliches Leid, wie viel Zerstörung hat dieser Weg gebracht? Aber ihr habt euch entschieden, dass es aufhören soll. Genug der Erfahrungen, was der menschliche Wille unter der Führung des Egos erreichen kann.

Denkt daran, ich habe euch nie verlassen. Ich war immer da. Ihr habt mich verlassen, konntet meine Stimme, meine Führung nicht mehr wahrnehmen. Ich musste zuschauen, weil ihr euch so erfahren wolltet. Jetzt hört diese Phase auf. Ihr habt euch entschlossen, wieder zurückzukehren.

Ihr habt euch entschlossen, wieder den Himmel auf Erden zu errichten. Ein göttlicher Mensch auf Erden im Bewusstsein seiner selbst. Nicht mehr ein Gegeneinander, sondern ein Miteinander. Ihr schaut in die Herzen, ihr erkennt das Herz eines jeden Einzelnen. Vorbei die vielen Äußerlichkeiten, mit denen ihr eure Mitmenschen bewertet.

Es ist das Herz, wohin ihr schaut.

Ihr nehmt wahr mit dem Herzen, ihr geht euren Weg im Einklang mit eurem Herzen, ihr lebt eure Visionen und Wünsche aus dem Herzen heraus.

Ihr seid im Frieden, ihr habt den Ruf eures Herzens erkannt.

So soll es sein.

☆☆☆

5.Freude

„Freude ist ein Ausdruck dessen, dass ihr bewusst seid. In diesen Momenten könntet ihr die Welt umarmen. Ihr seid locker, ihr lacht. In diesen Momenten wirkt ihr wie ein Magnet auf euer Umfeld. Ihr wirkt charismatisch und anziehend und löst durch diese Ausstrahlung wieder Freude aus.“

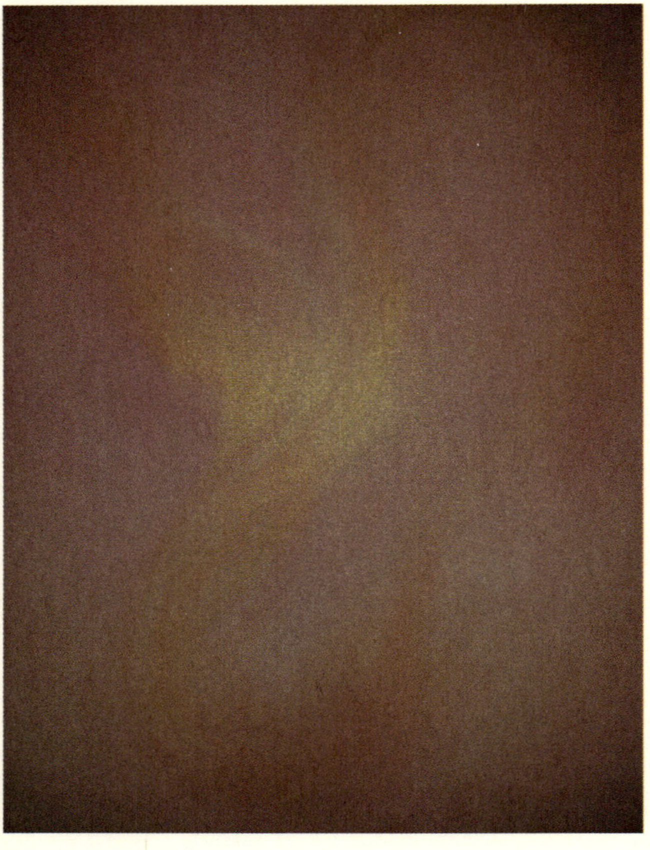

Seid in der Freude. Seid wie die Kinder. Wenn die Freude kommt, heißt sie willkommen. Lebt sie.

Ihr wisst um die Momente ohne Freude in eurem menschlichen Erleben. Die Momente, in denen ihr euch sorgt, nicht im Vertrauen seid, zweifelt. Ihr wisst um diese Emotionen. Lebt sie, und wenn die Freude kommt, heißt sie willkommen wie einen Geliebten.

Sie ist spontan, sie ist eine Überraschung. Sie ist euer Freund, euer Begleiter, auch wenn ihr meint, sie wäre nicht bei euch. Aber dem ist nicht so. Die Freude ist euer ständiger Begleiter, denn sie ist die Kehrseite des Zweifels und der Traurigkeit. Sie gehören zusammen.

Ein Leben ohne Freude gibt es nicht. Genauso wie es kein Leben ohne Zweifel und Trauer gibt.

Der einzige Unterschied ist, dass ihr mit zunehmendem Bewusstsein immer öfter den Zustand der Freude erleben werdet – im Bewusstsein, wie es ist, wenn sie im Hintergrund ist.

Euer Leben ist voller Überraschungen, voller Wunder, Höhen und Tiefen.

Ich sage euch: Lebt dieses Leben. Deswegen seid ihr hier inkarniert, um diese unterschiedlichen Seinszustände zu leben, wahrzunehmen. Ihr seid hier, um euer Selbst zum Ausdruck zu bringen, in welcher Form auch immer. Lacht und weint, seid in der Freude, seid in der Trauer. Gerade dieses unterschiedliche Erleben eures Selbst macht euch bewusst, dass ihr lebt.

Tatsächlich gibt es Situationen, in denen ihr nur noch funktioniert. Ihr seid versteinert, lebt ein Leben, das ihr nicht leben wollt. Eintönig, ohne Auf und Ab, ohne das Erleben von Trauer oder Freude.

Wollt ihr das tatsächlich? Wollt ihr euch tatsächlich so emotionslos hier auf Erden erfahren? Traut euch, geht den Weg der Veränderungen. Riskiert etwas, macht Fehler, um euch weiterzuentwickeln, euch zu erfahren. Ich bringe euch immer wieder auf den Weg zurück. Ihr braucht keine Angst zu haben.

Bewegt euch. Aber bleibt nicht im Stillstand aus Angst vor Veränderungen. Ihr müsst in keiner Beziehung verharren, die euch schon jahrelang unglücklich macht, in der es keine Liebe gibt. Ihr müsst euch nicht mit Menschen umgeben, die euch nicht guttun. Ihr müsst keine gesellschaftliche Verpflichtung wahrnehmen, die euch innerlich langweilt und müde macht.

Ihr müsst überhaupt gar nichts. Ihr sollt leben!

Ihr liebt doch Filme? Wie gerne schaut ihr euch Abenteuerfilme und Liebeskomödien an? Wie sieht es denn mit eurem eigenen Leben aus, in dem ihr die Hauptrolle spielt? Ist es ein Film, der euch langweilt, in dem ihr normalerweise den Kanal wechseln würdet oder einfach einen anderen Film reinlegt? Oder ist es ein Film, der euch fesselt, der alles bietet. Höhen und Tiefen, unerwartete Ereignisse, Spannung, Liebe, ständige Steigerungen?

Schaut hier genau hin. Wie sieht euer persönlicher Film aus?

Lebt euer Leben, aber lebt. Seid mutig. Seid ihr selbst. Richtet euch nicht nach dem aus, was von euch erwartet wird, sondern nach dem, was **ihr** von euch erwartet.

Ihr seid niemandem gegenüber verpflichtet, außer euch selbst. Ihr müsst nichts, aber auch gar nichts eingehen, was euer Selbst, euren Ausdruck einschränkt. Seid spontan, lebt, auch wenn Fehler passieren. Wachst an euren Fehlern. Schämt euch nicht, wenn ihr in einer Situation seid, in der ihr nicht mehr weiterwisst. Wenn ihr genau hinschaut, werdet ihr erstaunt sein, wie viele das auch schon erlebt haben und aus diesem Zustand wieder herausgekommen sind. Diese Menschen sind dazu da, um euch Mut zu machen.

Seid euch bewusst, dass jeder Mensch seine Herausforderungen hat, die gleichen wie ihr. Genauso schlechte Erfahrungen in Beziehungen, berufliche Misserfolge erlebt, alles verloren hat, damit alles wieder auf einer höheren Ebene und Qualität ins Leben eintreten kann, mit dem Ergebnis eines entwickelten und feineren Charakters.

Das Leben ist ein Abenteuer, und ihr sollt dieses Abenteuer in all seinen Facetten auskosten. Es obliegt euch. Es liegt an euch, in welchem Ausmaß ihr dieses Abenteuer annehmen und leben wollt.

Das Ergebnis ist viel Freude, weil ihr lebt. Ihr könnt annehmen und lebt. Ihr werdet zunehmend freier im Leben eurer Emotionen, eurer Ängste, und dadurch erlangt ihr die Fähigkeit, eure Ängste zu transformieren.

Das Ergebnis ist die Freude!

Freude ist ein Ausdruck dessen, dass ihr bewusst seid. In diesen Momenten könntet ihr die Welt umarmen. Ihr seid locker, ihr lacht. In diesen Momenten wirkt ihr wie ein Magnet auf euer Umfeld. Ihr wirkt charismatisch und anziehend und löst durch diese Ausstrahlung wieder Freude aus.

Genießt euer Leben. Euer Weg ist spannend und überraschend. Hinter jeder scheinbar schwierigen Situation steckt ein versteckter Segen, der euch langfristig Glück und Freude bringt. Geht durch jede Herausforderung erhobenen Hauptes, in dem Wissen, dass die Lösungen schon längst da sind und zum richtigen Zeitpunkt auftreten, und feiert dann euer Selbst, seid in der Freude, denn ihr habt wieder eine Stufe erklommen, seid auf eurem Weg wieder weitergekommen, seid gewachsen an dieser Herausforderung, habt euch gereinigt, euren Charakter geschult und gefestigt, und nun ruht aus und genießt das Gefühl der Freude.

Denkt daran: Die Freude ist euer ständiger Begleiter, auch wenn ihr sie in manchen Situationen nicht wahrnehmt. In diesen Situationen erinnert euch an meine Worte, erinnert euch daran. Ich möchte euch Mut machen, an euch zu glauben. Diese Zeilen sollen euch daran erinnern, was in euch steckt und dass ihr allen Grund zur Freude habt.

☆☆☆

6. Gelassenheit

„Seid gelassen. Gelassenheit macht den Weg frei, öffnet euch den Weg zu einer nächsthöheren Stufe.

Denn wieder habt ihr eure Ängste überwunden, habt ihnen keinen freien Lauf gelassen. Ihr habt beschlossen, zu vertrauen, beschlossen, alles an mich abzugeben, beschlossen, zu vertrauen, dass ich euch die Lösung bringe, wenn auch auf einem ganz anderen Weg, als ihr dachtet, unter überraschenden Umständen. Aber eins wart ihr die ganze Zeit: gelassen."

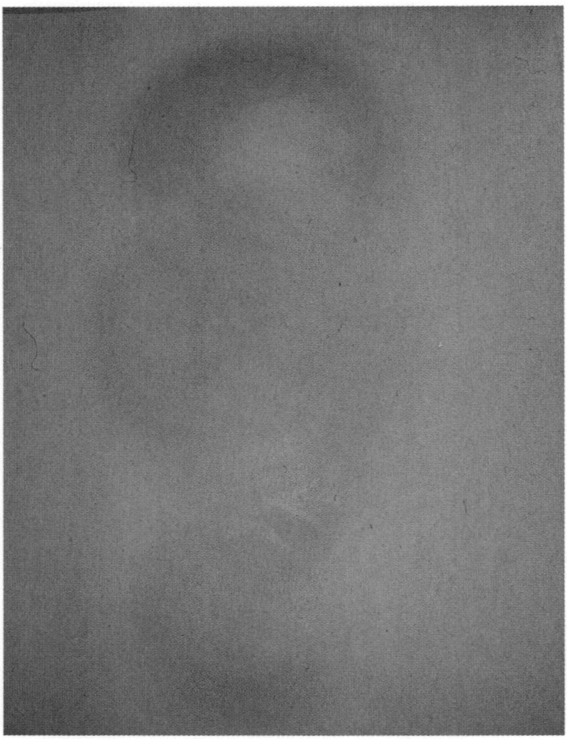

Was ist der Unterschied zwischen Gelassenheit und Frieden, ist es nicht sogar dasselbe? Man könnte meinen ja, aber es gibt doch einen feinen Unterschied.

Frieden ist ein Zustand der Ruhe, frei von Emotionen, nicht zu verwechseln mit dem Zustand der Gleichgültigkeit.

Seid ihr gelassen, seid ihr in der Ruhe, trotz der Emotionen, die euch überkommen. In der Gelassenheit seid ihr tief verankert in einem Zustand des Vertrauens. Ihr könnt die Dinge so annehmen, wie sie kommen, in der Gewissheit, dass ich euch führe und die Dinge für euch löse. Ihr lasst los und gebt an mich ab, obwohl euch vielleicht ab und zu Ängste überkommen, obwohl ihr nicht wisst, wie ihr gerade die Situation lösen sollt, obwohl die Menschen, die um euch sind, vielleicht in der gleichen Situation sind und euch alles in den dunkelsten Farben und Vorstellungen ausmalen, was alles passieren könnte.

Ihr habt eure Ängste, aber ihr lebt sie nicht. Ihr wisst um die göttliche Führung in euch. Ihr wisst, dass ihr momentan einfach nichts anderes tun könnt als abzuwarten und zu vertrauen, in dem Wissen, dass letztendlich alles gut wird und die Lösung bereits existiert.

Ihr übt euch in Geduld. Ihr wisst, ihr könnt momentan nichts anders tun, als ruhig zu bleiben, zu vertrauen und normal euren täglichen Aufgaben nachzukommen. Abwarten, vertrauen. Ihr erinnert euch an vergangene Situationen, in denen ihr noch nicht um die Führung des Schöpfers in euch wusstet. Ihr erinnert euch, wie aufgeregt ihr wart, an die vielen schlaflosen Nächte, die Verzweiflung, an die Tränen, die Panik. Ihr wart geradezu nicht mehr lebensfähig, und dann, nach einer gewissen Zeit, nachdem ihr vor lauter Angst und Verzweiflung einfach nicht mehr konntet und die Herausforderung endlich losgelassen hattet, konnte ich euch die Lösung zukommen lassen. Ihr erinnert euch daran, und ihr dachtet im Nachhinein, wie viel unnötige Energie ihr verschwendet hattet, wie ihr euch selbst jeden Tag zur Hölle gemacht hattet, und dann hatte sich diese Herausforderung einfach so aufgelöst. In diesen Momenten habt ihr euch vielleicht vorgenommen, euch nie wieder so aufzuregen.

Nun ist wieder eine herausfordernde Situation eingetreten. Aber mittlerweile habt ihr gelernt und könnt euch an eure Erfahrung erinnern, bei der ihr euch vorgenommen hattet, daraus zu lernen.

Dieses Mal setzt ihr es um. Ihr fangt an, zu vertrauen. Ihr wisst, die ganze unnötige Aufregung bringt nichts, ihr wisst, die Schöpfung hat den Überblick über das Ganze, die Schöpfung sieht den ganzen Weg, und ihr wisst, die Lösung ist bereits vorhanden, auch wenn ihr euch nicht vorstellen könnt, wie. Ihr vertraut, ihr gebt von vorneherein alles an die Schöpfung ab. Ihr wisst, und eine Ruhe überkommt euch. Nichts und Niemand kann euch aus der

Ruhe bringen, denn ihr seid in diesem Wissen, und dieses Mal schafft ihr es umzusetzen, denn ihr habt gelernt.

Ihr habt die Fähigkeit gelernt, gelassen zu sein.

Und diese Gelassenheit bringt euch die Lösung. Ihr müsst euch nicht mehr aufregen. Der Schöpfer in euch – ich weiß um alles. Ich liebe euch, ich führe euch. Ihr müsst es nur zulassen. Ihr müsst lernen, den Druck aus der Situation herauszunehmen, die euch so belastet, damit ich sie lösen kann. Dazu lasst los, seid gelassen, vertraut, seid weise.

Und seht, es wird gelöst.

Seid dankbar, dass ihr euch angeeignet habt, gelassen zu sein.

Ihr werdet durch diese Eigenschaft auch euer Umfeld prägen. Manch einer wird fragen, wie du das gemacht hast. Du wirst antworten, du warst einfach nur gelassen, in dem Wissen, dass die Lösung kommt, dass sie bereits existiert.

Du wirst sehen, dass in diesen Momenten manch einer auch versuchen wird, sich Gelassenheit anzueignen.

Die Fähigkeit der Gelassenheit erleichtert euer Leben, lässt die Lösungen schneller eintreten, und ihr erleidet keinen großen Energieverlust.

Ihr könnt alle Charaktereigenschaften lernen. Seid Beispiel, und genauso orientiert euch an den vorbildhaften Eigenschaften eurer Mitmenschen.

Jeder von euch ist Lehrer und Lernender. Ihr seid da, um euch gegenseitig zu helfen.

Es geht nur noch um das Miteinander. Es geht darum, euren Charakter auszubilden, und dabei könnt ihr euch gegenseitig helfen.

Seid gelassen. Gelassenheit macht den Weg frei, öffnet euch den Weg zu einer nächsthöheren Stufe.

Denn wieder habt ihr eure Ängste überwunden, habt ihnen keinen freien Lauf gelassen. Ihr habt beschlossen, zu vertrauen, beschlossen, alles an mich abzugeben, beschlossen, zu vertrauen, dass ich euch die Lösung bringe, wenn auch auf einem ganz anderen Weg, wie ihr dachtet, unter überraschenden Umständen.

Aber eins wart ihr die ganze Zeit: gelassen.

☆☆☆

7. Freiheit

„... der Weg der Freiheit ist der Weg der Liebe.

Der Weg der Freiheit ist der Weg, den eure Seele gewählt hat. Geht diesen Weg, überwindet eure Ängste.

Schaut hin, schaut genau hin, und ihr erkennt die Illusionen, die euch meinen festzuhalten.

Da ist nichts, da ist überhaupt nichts.

Ihr haltet euch fest, und genauso könnt ihr euch losbinden, befreien, und dem Weg eures Herzens folgen.

Also, worauf wartet ihr noch?“

Freiheit, euer höchstes Gut. Bewusst und unbewusst sehnt sich jeder nach Freiheit. Ihr sehnt euch danach, eure Persönlichkeit zu entwickeln und zu entfalten, euren Weg zu gehen.

Euer Bedürfnis nach Freiheit wird euch erst bewusst, wenn ihr euch eingeschränkt und eingeengt fühlt, ihr nicht so handeln könnt, wie ihr gerne würdet, wenn ihr für euch scheinbare Verpflichtungen eingegangen seid und meint, sie einhalten zu müssen.

Das löst eine große Frustration in euch aus. Schaut an, in welchen Bereichen ihr euch eingeengt und in eurer Freiheit beschränkt fühlt. Fühlt ihr euch eingeschränkt in eurem Beruf? Wie fühlt ihr euch in euren Partnerschaften? Welche Versprechen meint ihr, einhalten zu müssen, welche scheinbaren Verpflichtungen? Aus welchen Situationen meint ihr, euch nicht befreien zu können und glaubt, diese ertragen zu müssen? Schaut genau hin, denn dort liegt der jeweilige Schlüssel zu eurer Freiheit.

Wie könnt ihr den Weg der Liebe gehen, wenn ihr nicht frei seid? Wie könnt ihr im Einklang mit eurer Seele sein, wenn ihr nicht frei seid und euch durch falsche Verpflichtungen bindet, euch quasi selbst ein Bein stellt, anstatt diese scheinbar unlösbaren Zustände loszulassen und euch daraus zu befreien?

Den Satz „Ich kann nicht“, gibt es nicht. Es gibt entweder ein „Ich will“ oder ein „Ich will nicht“! Mit allem anderen belügt ihr euch selbst.

Wenn ihr meint, euch aus einer Situation nicht befreien zu können, weil sie euch unglücklich macht, dann schaut genau hin, was es ist, das ihr scheinbar nicht auflösen könnt. Wenn ihr genau in euch hineinschaut, dann wisst ihr: Ihr seid es, nicht die anderen, nicht die Umstände. Ihr seid die Wächter eures eigenen Gefängnisses, und es obliegt euch, ob ihr die Situation lösen wollt oder nicht. Aber sagt niemals: „Ich kann nicht!“

Seid euch dessen bewusst: Entweder ihr wollt, oder ihr wollt nicht. Wenn ihr nicht wollt, dann respektiert diese Entscheidung und schaut euch an, was euch wirklich in dieser Situation hält. Ist es nicht doch die Bequemlichkeit, mangelnder Mut, Angst vor dem Unbekannten, Angst, dass es dann noch schlimmer wird?

Schaut euch diese Situationen an. Ihr habt die Wahl. Ihr könnt entscheiden, in welchem Maß ihr wachsen wollt, euch selbst übertreffen und euren Charakter ausbilden.

Es ist eure Entscheidung, nicht die Entscheidung der Schöpfung. Ihr habt die Wahl, jederzeit euer selbstgebautes Gefängnis zu verlassen.

Es ist der Weg der Seele, sich von allem zu trennen, was der eigenen Entwicklung im Weg steht, es ist der Weg der Seele, sich aus den unglücklichen Umständen zu lösen, hinauszugehen aus kranken Partnerschaften, seien es geschäftliche oder private Beziehungen.

Schaut euch umgekehrt einen Menschen an, der es geschafft hat, in die Veränderung zu gehen, der frei seinen Weg geht. Was für ein Charisma, was für eine Ausstrahlung. Dieser Mensch lebt seine Wahrheit. Er geht automatisch den Weg der Liebe. Er kann gar nicht mehr anders.

Der Weg der Freiheit ist der Weg der Liebe. Ein freier Mensch liebt, ein unfreier hat sich für den Weg der Lüge entschieden. Das Erleben der Liebe wird von einem Menschen in einem selbstgebauten Gefängnis ferngehalten. Ein eingebauter Mechanismus, um die Sehnsucht zu erwecken, dass derjenige sich befreit. Nicht jeder geht den Weg der Freiheit. Es sind Entscheidungen bedingt durch den menschlichen Willen. Jeder entwickelt sich in seinem Rhythmus, nicht jeder entscheidet sich, den Weg der Seele in diesem Leben zu gehen, aber irgendwann schafft es jeder, hat sich jeder für diesen Weg entschieden.

Deswegen habt Mitgefühl mit diesen Seelen, zwingt sie nicht, den Weg der Freiheit zu gehen, wenn sie noch nicht dafür bereit sind. Auch sie werden diesen Weg eines Tages einschlagen.

Konzentriert euch nur auf euch. Geht euren Weg, geht den Weg der Seele, der Liebe, der Freiheit.

Seid offen für die Liebe in eurem Leben. Eine Partnerschaft in Liebe und Freiheit ist das, was ihr automatisch leben werdet, je bewusster die Partner sind, die aufeinandertreffen. Das geschieht automatisch. Hört auch nicht auf, daran zu glauben, wenn ihr schon einige Partnerschaften hinter euch habt, die euch verletzt haben. Letztendlich dienten sie euch, hinzuschauen, zu erkennen und zu lernen. Diese Partnerschaften dienten euch als Vorbereitung für die Liebe, die ihr in Freiheit leben könnt.

Ein freier Mensch ist automatisch Vorbild für andere. Jeder erkennt, dass er etwas Besonderes ist. Jeder erkennt, dass er frei von Zwängen ist. Automatisch löst ein freier Mensch in seinem Umfeld etwas aus.

Da ist das gewisse Etwas, das Besondere, das das Umfeld aufblicken lässt.

Damit ist ein Mensch, der sich frei fühlt, automatisch auch ein Lehrer, der heilend auf sein Umfeld ausstrahlt.

Deswegen ist der Weg der Freiheit der Weg der Liebe. Der Weg der Freiheit ist der Weg, den eure Seele gewählt hat.

Geht diesen Weg, überwindet eure Ängste. Schaut hin, schaut genau hin, und ihr erkennt die Illusionen, die euch festhalten. Da ist nichts, da ist überhaupt nichts.

Ihr haltet euch fest, und genauso könnt ihr euch losbinden, befreien und dem Weg euers Herzens folgen.

Also, worauf wartet ihr noch?

☆☆☆

8. Glück

„Ihr sollt hier glücklich sein,
und ich werde euch immer wieder ins Glück führen.
Egal, wie groß die Herausforderungen sind,
egal, wie schwer euer Herz ist,
alles, alles führt euch ins Glück,
ist ein Meilenstein auf dem Weg in euer Glück.
Ihr habt es verdient, glücklich zu sein.
Jeder von euch, ohne Ausnahme.“

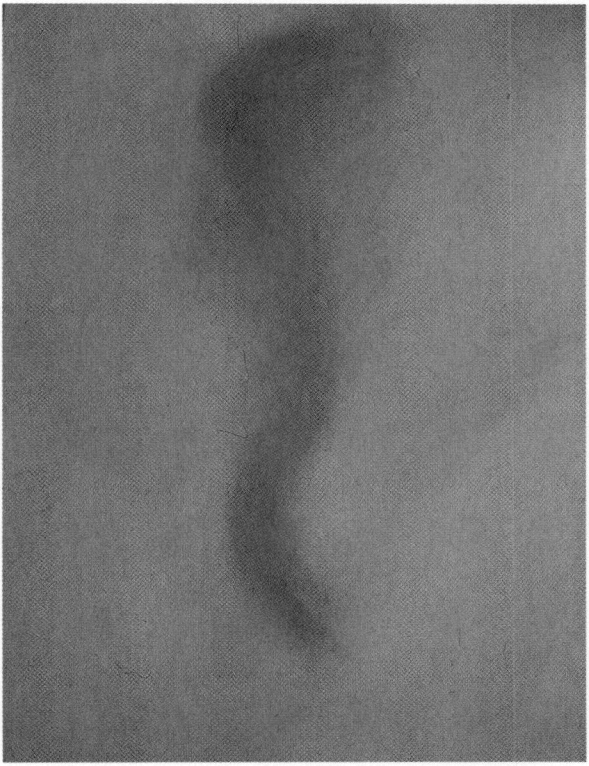

Glück, was für eine wunderbare Emotion, die ihr hier auf Erden leben könnt. Es ist ein Zustand der Vollkommenheit. Ein Zustand, der immer wieder erreicht werden sollte.

Der Glückszustand, der entsteht, wenn unerwartet eine Lösung für eine Herausforderung auftritt, wenn sich die Dinge wie von selbst lösen. Das Gefühl, wenn ihr eine wichtige Prüfung bestanden, eine Herausforderung gemeistert habt, wenn eine schwere Etappe hinter euch liegt und sich der Neuanfang zeigt. Das Glücksgefühl, wenn ihr liebt und geliebt werdet. Die Gesellschaft von Menschen, die ihr liebt und die euch lieben. Das Glücksgefühl, das entsteht, wenn euch Anerkennung und Wertschätzung entgegengebracht werden. Die kleinen unscheinbaren Dinge, die euch glücklich machen. Unerwartet ein Regenbogen, ein Milan, der über euch kreist, eine wunderschöne Blume am Wegesrand, ein Eichhörnchen, das euren Weg kreuzt, ein Welpe, der euch freudig begrüßt, ein unerwartetes schönes Gespräch, eine Begegnung, die euch inspiriert, der erste Kuss in einer neuen Beziehung, das Halten eures Neugeborenen in euren Armen – diese Momente sind so kostbar, und sie sind meine Boten. Ich sende euch diese Momente, um euch die wahre Essenz eures Seins hier auf Erden spüren zu lassen.

Ihr sollt hier glücklich sein,
und ich werde euch immer wieder ins Glück führen.
Egal, wie groß die Herausforderungen sind,

egal, wie schwer euer Herz ist.
Alles, alles führt euch ins Glück,
ist ein Meilenstein auf dem Weg in euer Glück.

Ihr habt es verdient, glücklich zu sein.
Jeder von euch, ohne Ausnahme.

Und genau dort beginnt euer Widerspruch. Wie viele von euch sabotieren ihr eigenes Glück. Wie viele von euch glauben nicht daran, es verdient zu haben, glücklich zu sein. Das Glück breitet sich in ihrem Leben aus, und dann? Dann fangen sie an, es wieder zu zerstören.

Nicht ich bin es, der es zerstört. Ihr zerstört es mit eurem freien menschlichen Willen.

Lasst es einfach. Hört auf, euch selbst zu sabotieren. Nehmt die Geschenke an, die ich euch gebe. Lasst eure Hand geöffnet. Ballt sie nicht zur Faust und verwehrt euch. Nehmt an!

Nehmt einfach an. Dies ist es, was es zu erkennen gilt. Und wenn ihr annehmt, was meint ihr, wie oft euch gegeben wird? Das Universum schüttet ein Füllhorn über euch aus.

Betrachtet eure Wahrnehmung. Regt euch nicht immer so auf. Ändert den Standpunkt eurer Wahrnehmung. Schaut nicht auf die anderen, was sie haben. Schaut auf euch, was ihr habt. Schaut auf euren Reichtum. Schaut auf eure Gaben, Talente und Fähigkeiten. Habt ihr das Talent, andere Menschen zum Lachen zu bringen? Habt ihr so ein herzliches Lachen, dass die anderen einfach mitlachen müssen? Bringt ihr Stimmung? Seid ihr in der Lage, immer das richtige Wort zu finden? Seid ihr in der Lage, anderen Mut zu machen? Seid ihr in der Lage, andere Menschen einfach durch euer Sein zu inspirieren? Macht ihr nicht selbst andere Menschen immer wieder glücklich?

Betrachtet eure wunderbaren Talente, die andere glücklich machen, denkt darüber nach und erfasst, wie wunderbar und einzigartig ihr seid, erfasst das Glück eures einzigartigen Seins.

Seid ihr nicht wunderbar? Macht euch das nicht glücklich?

Wenn euch eine Situation unglücklich macht, ist nicht genau diese Situation der Schlüssel zum Glück?

Liegt nicht genau darin die Lösung? Schaut genau hin und lernt, meine Botschaften wahrzunehmen. Erfasst das Wunder eures Lebens in all seinen Facetten, in seinem ganzen Sein. Erfasst, wie sehr ihr lebt, erfasst, wie lebendig ihr seid. Egal, welche Herausforderungen, egal, ob ihr momentan einen großen Schmerz in euch tragt, der einfach nur transformiert werden möchte, damit ein neuer Abschnitt in eurem Leben beginnen kann. Entscheidend ist, dass ihr euch wahrnehmt, egal, in welcher Emotion ihr seid, ob traurig, in der Freude, in der Wut, in der Verzweiflung – es spielt keine Rolle. Ihr lebt, und genau deswegen seid ihr in der Lage, glücklich zu sein. Ohne das Erleben all dieser Emotionen, egal, ob freudig oder schmerzhaft, wärt ihr gar nicht in der Lage, glücklich zu sein.

Ist das nicht schön? Ist es nicht schön, so lebendig zu sein und das Leben in all seinen Facetten zu erleben?

Lebt. Lebt alle eure Emotionen. Seid bewusst. Lebt bewusst und intensiv die Trauer, die Wut, die Aggression, die Verzweiflung, denn genauso seid ihr in der Lage, Glück zu erfahren und zu leben. Durch das intensive Erleben der Emotionen von Trauer und Wut schafft ihr Platz für das große Erleben von Glück. Wie sollte das Glück sonst erkennbar sein?

Ihr dürft intensiv sein, ihr dürft übertreiben. Ihr dürft übertrieben traurig sein, um dann übertrieben glücklich zu sein.

Das ist das Leben!

Das ist euer Leben, und es ist, wenn ihr es zulasst, intensiver und ereignisreicher wie manches Buch, mancher Film, den ihr anschaut. Es ist viel intensiver, denn ihr seid der Akteur, und das macht euch glücklich

Glück ist euer Begleiter,
eure Inspiration, eure Muse

Wenn ihr glücklich seid, seid ihr oft trunken von Glück,
seid ihr verrückt,
seid ihr ihr selbst,
tragt ihr keine Maske mehr,
seid ihr in der reinsten Form.

Ihr!

Du!

Das sind die Geschenke und Segnungen des Lebens, warum ihr jedes Mal wieder inkarnieren wollt.

Einer der Beweggründe dahinter ist das Erfahren und Erleben von

GLÜCK!

☆☆☆

9. Reichtum

„Es ist nichts anderes für euch vorgesehen, als dass ihr in der Fülle des Lebens lebt, in all seinen Facetten und auf allen Ebenen.

Das eine bedingt das andere.“

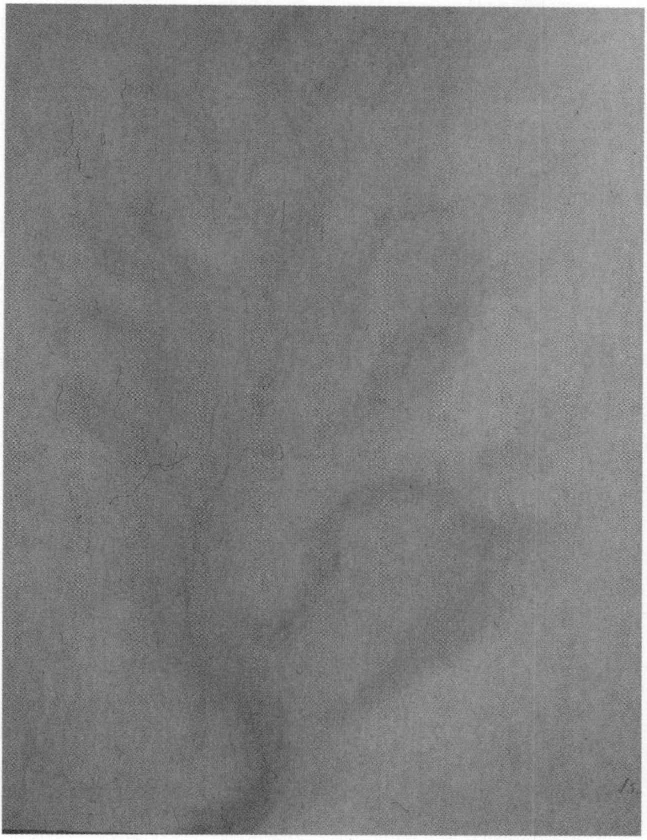

Wenn ihr wüsstet, wie reich ihr seid. Wenn ihr das wüsstet und euer Sein in all euren Facetten erfassen würdet, ihr würdet euch keine Sorgen machen.

Ihr wüsstet einfach, dass immer für euch gesorgt ist.

Ihr bringt Reichtum in erster Linie mit finanziellen Dingen in Verbindung. Das ist ein großes Problem bei euch Menschen. Es beginnt zuerst bei euch. Schnell seid ihr in der Existenzangst, sehr schnell. Das hängt wieder mit eurer Wahrnehmung zusammen. Ihr glaubt nur an eine Tür und haltet an ihr fest. Ihr glaubt nicht daran, dass es noch andere Türen gibt. Ich kann euch noch so sehr zurufen und hinweisen, dass das Universum eine Fülle von Lösungen für euch bereithält. Wunderbare und wundersame. Aber die Existenzangst bringt euch im wahrsten Sinne des Wortes um den Verstand. Erst wenn es scheinbar keine Lösung mehr gibt, kapituliert ihr und lasst endlich los und öffnet eure Hand. Das ist der Moment, in dem die Schöpfung endlich handeln kann. Deswegen zögern sich oft Lösungen bis in die für euer Empfinden letzte Minute hinaus. Aber es liegt nicht an der Schöpfung, es liegt an euch selbst, weil ihr vor der für euer Empfinden einzigen Tür ausharrt. Aber die Lösungen und Geschenke des Universums sind weitaus spannender, intelligenter und einfallsreicher. Seid offen, seid neugierig, lasst euch überraschen, lasst euch führen, auch wenn es manchmal zu geschlossenen Türen hinführt – zuerst, aber das dient nur dazu, euch biegsam und offen zu machen, sonst würdet ihr meine wunderbaren Lösungen, die euch das Glück bringen, schlichtweg ablehnen, weil ihr eine andere Vorstellung davon habt, wie die Dinge laufen sollen.

Aber in eurem menschlichen Erleben seid ihr oft eingeschränkt, und sobald ihr in der Angst seid, ist für euer Empfinden alles dunkel. Ihr seid blockiert, schwerfällig und verzweifelt. Aber das braucht ihr nicht. Trainiert, in schwierigen Situationen entspannt zu bleiben. Es führt ins Gute. Auch wenn dazwischen eine Übergangslösung liegt, in der ihr noch etwas lernen sollt, die eurer Wahrnehmung dient.

Seid nicht immer so verkrampft. Trainiert, zu vertrauen, in euch zu ruhen, und umso schneller und leichter kann ich die Lösungen zu euch bringen. Selbst wenn es aus Gründen, die nur eure Seele überblicken kann, länger dauert, werdet ihr den Grund eines Tages erfahren, und das wird euch im Nachhinein ins Vertrauen führen und eurem Wachstum dienen.

Diese Erfahrungen dienen wiederum eurem spirituellen und geistigen Reichtum. Es ist nichts anderes für euch vorgesehen, als dass ihr in der Fülle des Lebens lebt, in all seinen Facetten und auf allen Ebenen. Das eine bedingt das andere.

Das Geistige und das Materielle sind miteinander verbunden. Je mehr ihr mit euch in Harmonie seid, sind es automatisch auch eure materiellen Dinge.

Alles ist Energie, alles ist miteinander verbunden.

Alles muss im Fluss sein. Auch der Umgang mit Geld sollte im Fluss sein. Verfügt ihr über ein sehr großes Vermögen, tragt ihr dementsprechend auch eine Verantwortung, diese Materie sinnvoll umzusetzen. Sei es mit der Gründung einer Stiftung, einer Organisation, einer wichtigen Investition. Es dient wiederum eurem geistigen Wachstum und eurer spirituellen Entwicklung, mit dem materiellen Reichtum, wenn alle eure eigenen Bedürfnisse abgedeckt sind und ihr persönlich in der Fülle lebt, etwas Sinnvolles anzufangen. Denn ihr tragt diesbezüglich eine Verantwortung.

Warum existiert dieses große Ungleichgewicht bei euch auf Erden?

Es ist genügend Geld vorhanden, um das ganze materielle Ungleichgewicht auf Erden zu beheben. Der größte Teil befindet sich in den Händen Weniger. Sie tragen eine Verantwortung.

Es entspricht nicht dem Willen der Schöpfung, dass auf Erden Armut herrscht. Der Wille ist erlebter Reichtum und Fülle. Ihr sollt die Materie in all ihren Zügen erleben und leben. Es soll euch gut gehen. Das Thema Geld sollte gar nicht in euren Gedanken erscheinen, geschweige denn, die Sorge darüber. Es sollte eine Selbstverständlichkeit sein, dass Geld und materielle Fülle vorhanden sind, ihr euch den schönen Dingen des Lebens widmen und eurem Sein Ausdruck verleihen könnt.

Noch ist es nicht so weit. Aber das ist eines der Elemente des höchsten göttlichen Plans des Lichts.

Geld sollte kein Thema sein. Dass ihr in materieller Fülle und im Wohlstand lebt, sollte für euch eine Selbstverständlichkeit sein. Genauso lasst ihr das Geld fließen, haltet den Fluss im Gleichgewicht, weil es die Angst nicht mehr gibt, dass dieser Fluss einmal versiegen könnte. Diese Angst wird nach und nach nicht mehr in euch existieren.

Ihr empfangt, und genauso, wie ihr empfangt, gebt ihr. Und je mehr ihr empfangt, desto mehr gebt ihr.

Dieses neue Bewusstsein birgt eins der größten Geheimnisse bezüglich des neu entstehenden Reichtums und der Fülle auf Erden.

Diesbezüglich werden sich auch jetzt eure Unternehmen wandeln. Sie werden lernen, dass alles im Gleichgewicht sein muss zwischen Geben und Nehmen. Zuvor sind allerdings noch große Lernprozesse im Gang. Alte Strukturen werden aufgebrochen, damit die neuen entstehen können.

Zurzeit befindet ihr euch in einer großen Unsicherheit. Aber vertraut. Es dient dem Übergang in ein neues Bewusstsein für Reichtum auf allen Ebenen, für ein neues Miteinander, für ein Geben und Empfangen im Gleichgewicht.

Deswegen sorgt euch nicht zu viel. Es wird gut. Es wird sehr gut.

Genießt die Materie. Liebt die Materie. Sie ist euer Freund, nicht euer Feind. Sie geht Hand in Hand mit euren Gedanken.

Sie ist euer Spiegel.

...und wenn ihr in den Spiegel schaut, dann lächelt. Ihr wisst, er spiegelt dann euer Lächeln...

☆☆☆

10. Vergebung

„Eure eigene Wahrhaftigkeit sucht sich ihren Weg.

Mächtig, erhaben, kraftvoll und doch still, ohne großen Aufhebens, doch voller Anmut.

Ihr geht euren Weg, und ihr seid weise. Seid weise.

Schaut hinter die Dinge, und dann erkennt, dass euch nichts und niemand auf Erden verletzen kann.

Ihr durchbrecht die Illusionen eures Lebens, und ihr schaut in die Herzen hinein.

Ihr betrachtet die Spiele, die aus dem Ego entstehen.

Mitgefühl überkommt euch, und aus diesem Mitgefühl
VERZEIHT ihr,
VERGEBT ihr.“

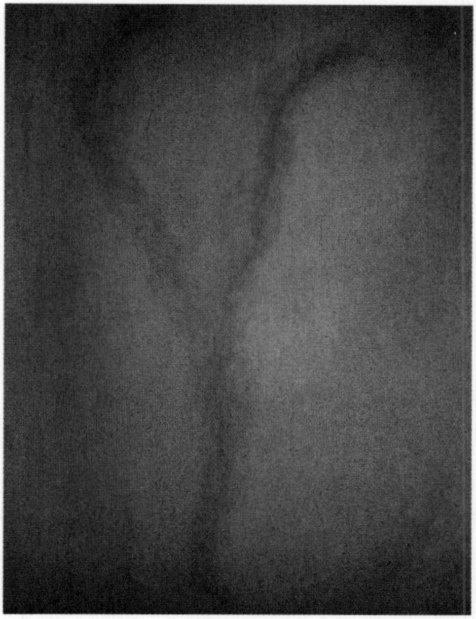

Es ist so entscheidend für eure Entwicklung, dass ihr vergeben könnt. Etwas vergeben, aus der Hand geben, loslassen. Das, was euch an Schmerz durch Umstände oder Menschen zugefügt wurde, loslassen, den Umstand, die Person loslassen, damit ihr frei seid und eure Wunden und Verletzungen Heilung erfahren können.

Ihr hört auf, an dem festzuhalten, was euch an Schmerz zugefügt wurde, und dadurch kann Heilung in euer Leben eintreten, und ihr tragt allgemein zur Heilung eures Planeten bei.

Ihr könnt nur bei euch anfangen. Ihr könnt nur auf euch schauen, egal, was in eurem Umfeld passiert. Egal, was andere euch antun, egal, welche Ungerechtigkeiten euch widerfahren – aus den Handlungen des Egos heraus und nicht aus dem Herzen.

Ihr könnt nur auf euch schauen, auf niemanden sonst. Es geht um euren Weg, um eure Weiterbildung des Charakters, euer Sich-selbst-Bewusstsein, euren Weg der Seele.

Alles andere ist der Weg der anderen, die auch ihren Weg gehen, mal im Einklang mit dem Herzen, mal abgelenkt durch das Ego. Jeder in seinem Tempo, in den Schritten und Lernerfahrungen, wie es diejenige Person für sich festlegt. Nicht jeder geht geradewegs und mutig den Weg seiner Seele. Nicht jeder. Ihr seid ihn auch nicht immer gegangen.

Deswegen verzeiht und geht ins Mitgefühl, geht unbeirrbar euren Weg weiter, egal, wer mit Steinen auf euch wirft, egal, wer sich euch in den Weg stellt. Es sind vorübergehende Beeinträchtigungen. Der Weg der eigenen Seele und eurer eigenen Wahrhaftigkeit ist stärker als alles andere, auch wenn dieser Weg unerwartete Wendungen nimmt und zwischendurch scheinbar gestoppt wird, auch wenn ihr meint, ihr kommt nicht weiter, ihr schafft es nicht. Aber ihr seid nicht zu stoppen. Wenn ihr fest in eurer eigenen Wahrhaftigkeit seid, wer kann euch schon aus der Bahn werfen?

Ihr wisst es, niemand.

Alles andere ist eine Illusion, die Illusion der Angst, des Egos. Illusionen, die versuchen, euch eurer Freiheit und eures freien Willens zu berauben, die euch klein machen wollen.

Durchschaut diese Illusionen. Schaut hinter die Dinge. Betrachtet die Machtspiele euers Umfelds, die nur eine Ursache haben: Angst.

Wenn ihr diese Spiele des Egos in eurem menschlichen Leben erfasst, dann seid ihr stark. Dann seid ihr in euch gefestigt, und nichts und niemand kann euch von eurem Weg abbringen. Ihr wisst einfach, dass euch niemand Schaden zufügen kann.

Eure eigene Wahrhaftigkeit sucht sich ihren Weg. Mächtig, erhaben, kraftvoll und doch still, ohne großes Aufheben, doch voller Anmut.

Ihr geht euren Weg, und ihr seid weise.

Seid weise.

Schaut hinter die Dinge,und dann erkennt, dass euch nichts und niemand auf Erden verletzen kann.

Ihr durchbrecht die Illusionen eures Lebens, und ihr schaut in die Herzen hinein.

Ihr betrachtet die Spiele, die aus dem Ego entstehen.

Mitgefühl überkommt euch, und aus diesem Mitgefühl

VERZEIHT ihr,

VERGEBT ihr.

Das ist Größe. Das zeigt, wie groß ihr seid. Und diese Größe verwandelt euer Umfeld. Ihr selbst seid in diesen Momenten ein Kanal der Gnade. Ihr verzeiht, lasst los und geht unbeirrbar euren Weg. Ihr seid groß, und diese Größe strahlt auf euer Umfeld. Es verändert etwas in jenen, die euch beobachten. Es löst etwas aus.

Eine besondere Aura umgibt euch in diesem Moment, königliche Ausstrahlung und Würde gehen von euch aus.

Ihr verzeiht, seid in der Liebe, geht euren Weg und seid gleichzeitig Lehrer und erweist der Menschheit einen großen Dienst. Ihr tragt nicht nur zur eurer Heilung bei, sondern zur Heilung der Menschen, die mit euch in Verbindung stehen, eurem direkten Umfeld, das durch die eigenen entstehenden Prozesse wiederum Wellen ausbreitet.

Ihr wisst, selbst der Flügelschlag eines Schmetterlings löst etwas im ganzen Universum aus. Was löst es erst aus, wenn ihr eine für euch schwierige Situation auflöst und in die Vergebung und in das Mitgefühl geht und daraus euren Weg wieder um ein Stück größer, geläuteter und noch edler antretet?

Verzeiht und zeigt eure wahre Größe.

Lasst euch nicht aus der Bahn werfen, wenn euer Umfeld aus dem Ego heraus handelt und euch aus diesen Momenten heraus verletzt.

Eure Wahrhaftigkeit sucht sich weiter ihren Weg.

Die Wahrheit sucht sich immer ihren Weg.

Nichts und niemand kann sich ihr in den Weg stellen.

Seid groß, seid edel, bleibt in eurer Würde und strahlt sie aus.

Geht den Weg des Herzens, dann könnt ihr gar nicht anders, als in der

VERGEBUNG zu sein.

11. Annahme

„Geht immer mehr in die Annahme.
In die Annahme eures Selbst.
In die Annahme eures eigenen Wertes.
In die Annahme eurer eigenen Wertschätzung.
In die Annahme eurer eigenen Größe.
In die Annahme meiner Geschenke und all der freudigen Überraschungen, die das Leben für euch bereithält."

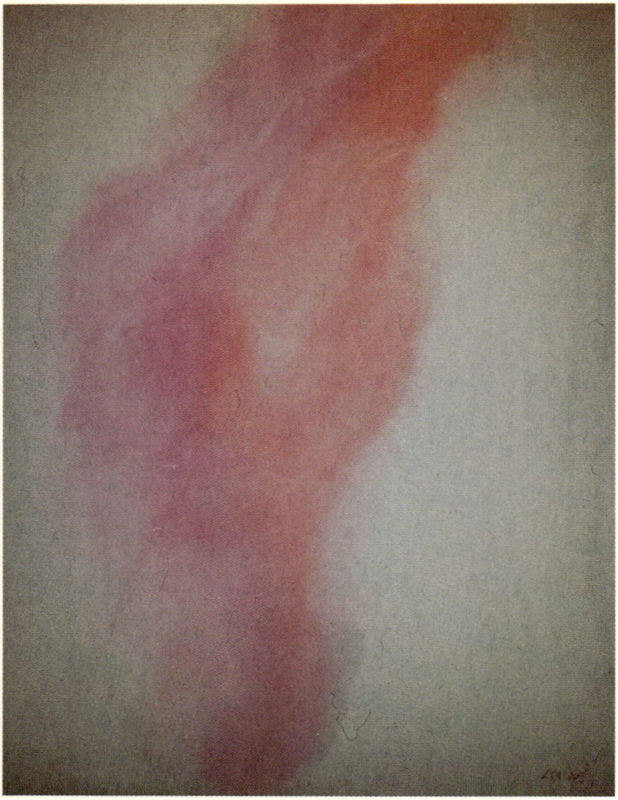

Um den Weg eurer Seele zu gehen, solltet ihr die Gabe der Annahme besitzen.

Ihr wundert euch, wieso die Annahme eine Gabe ist, eine Charaktereigenschaft? Das ist ganz einfach. Wer hat schon ein Problem mit der Annahme?

Und genau dort liegt eine der Fallen eures menschlichen Egos. Denkt einmal darüber nach, wie oft ihr Nein sagt, wenn euch Hilfe angeboten wird.

Nehmt einmal an, ihr tragt gerade etwas Schweres, und plötzlich steht eine unbekannte Person vor euch und will euch tragen helfen. Wie aus einem Mechanismus heraus sagt ihr dann: „Es geht schon, ich brauche keine Hilfe."

Diese unbekannte Person war mein Bote, damit ihr euch selbst überprüfen könnt, wie gut ihr in der Annahme seid. Kleinigkeiten, ja, aber hinter diesen Kleinigkeiten stehen große Botschaften für euch.

Wie viele leiden unbewusst an dem Gedanken, Glück nicht wirklich verdient zu haben, die Liebe nicht verdient zu haben, den Reichtum und die Fülle im Leben nicht verdient zu haben, es nicht verdient zu haben, einen großen Traum zu leben?

Wie viele von euch machen sich selbst so klein, sind sich ihres Werts nicht bewusst und nehmen aus dieser

Wahrnehmung über sich selbst meine Geschenke nicht an, die euch glücklich machen sollen?

Schaut euch eure Verhaltensweisen genau an. Sabotiert ihr euch nicht selbst?

Steht ihr eurem eigenen Glück nicht selbst im Weg, weil ihr nicht annehmen könnt? Wie viele von euch haben Angst, eine intensive, wahre, glückliche Liebe wirklich zu lieben. Wie viele von euch haben Angst davor, große berufliche Herausforderungen wirklich anzunehmen, Situationen im Leben anzugehen, bei denen sie wissen, dass sie gelöst werden müssen, um in ein glücklicheres Leben zu gehen. Wie viele von euch scheuen einen kompletten Neuanfang im Leben, weil sie Angst haben, es wäre vielleicht eine Illusion. Eine Illusion, dass es die große Liebe im Leben wirklich gibt und sie auch gelebt werden darf? Eine Illusion, dass einem wirklich eine erfülltere höhere Position, eine neue Arbeit, die mehr Freude bereitet, zusteht oder gar die Selbständigkeit?

Wie viele Träume werden von euch begraben, wie viele Sehnsüchte in eurer Wahrnehmung, dass es euch gar nicht zusteht, so groß zu sein, weil ihr euch selbst so klein fühlt. Wie kann das Kleine sich so groß entwickeln?

Ihr habt Schwierigkeiten, euer eigenes Sein anzunehmen.

Das ist die Essenz der Annahme.
Das ist eure Essenz.
Eure Größe, euer Sein.
Die Wahrnehmung der Größe eures Seins.

Wenn ihr euch dessen voll und ganz bewusst werdet, könnt ihr nach und nach die Spiele eures Egos durchbrechen. In kleinen Schritten werdet ihr erkennen, wie groß ihr seid. Ihr werdet immer besser darin. Kleine Veränderungen werden es euch zeigen. Es kann sein, dass ihr plötzlich eine andere Umgebung braucht, eine andere Wohnung, ein anderes Haus. Was bist jetzt noch völlig in Ordnung für euch war, ist nun nicht mehr passend. Vielleicht ist es die Arbeit, die Höhe eures Gehalts oder euer Kleidungsstil, weil ihr euch plötzlich zu anderen Farben hingezogen fühlt. Plötzlich fangt ihr an, auf die Qualität eurer Nahrung zu achten. Ihr fangt an, besser für euch zu sorgen. Gönnt euch einen Wellness-Tag, ein Wochenende in einem schönen Hotel, das ihr euch vielleicht vor einem Jahr noch nicht gegönnt hättet.

Ihr fangt an, euch selbst wahrzunehmen, wertvoller wahrzunehmen. Ihr fangt an, euch selbst wertzuschätzen. Diese Wertschätzung, Annahme und Erfahrung des eigenen Wertes verändern wiederum euer Umfeld. Euer Umfeld wird ebenfalls beginnen, euch zu achten und wertzuschätzen, wird behutsamer mit euch umgehen.

Eure gewandelte Wahrnehmung bewirkt, dass ihr offen seid für die Geschenke des Universums. Ihr geht mehr und mehr in die Annahme.

In die Annahme eures Selbst.
In die Annahme eures eigenen Wertes.
In die Annahme eurer eigenen Wertschätzung.
In die Annahme eurer eigenen Größe.
In die Annahme meiner Geschenke und all der freudigen Überraschungen, die das Leben für euch bereithält.

Auch wenn der Weg in eurem menschlichen Erleben nicht immer einfach verläuft und ihr mit Herausforderungen konfrontiert werdet.

Aber genau das ist der Weg eurer Meisterschaft.
Der Meisterschaft der Neuen Zeit.

Nehmt auch diese Herausforderungen an.
Stellt euch ihnen.
Rennt nicht davon.
Sagt Ja zu ihnen, nehmt sie an, geht hindurch, und so werdet ihr jede Schwierigkeit, jede vorrübergehende Beeinträchtigung, jeden Konflikt meistern und wandeln.

Auch das gehört zur Annahme. Die Annahme des Weges eurer Seele mit all seinen Herausforderungen, Wachstumsmöglichkeiten und Abenteuern.

Wenn ihr wüsstet. wie sehr die Schöpfung euch liebt, wie sehr die Schöpfung euch die Hand reicht, wie viele Geschenke die Schöpfung in eure Hände legen möchte.

Ihr müsst nur eins: Annehmen.

Euren Weg und euer Sein annehmen.

Was kann noch erhabener sein?

Schaut es euch an...

☆☆☆

12. Dankbarkeit

„Sei dankbar für dein Sein.

Sei dankbar für das, was du anderen gibst.

Sei dankbar für deine Einzigartigkeit.

Sei dankbar für deine wundervollen Talente.

Sei dankbar, dass du deinen Weg gefunden hast.

Ich bin dankbar, dass du ihn gehst und dazu beiträgst, diesen einst kranken Planeten wieder zu einem lichterfüllten Paradies zu machen, mit Menschen, die in der Liebe und der Dankbarkeit sind, die weise sind und bewusst.

Ich danke dir dafür.“

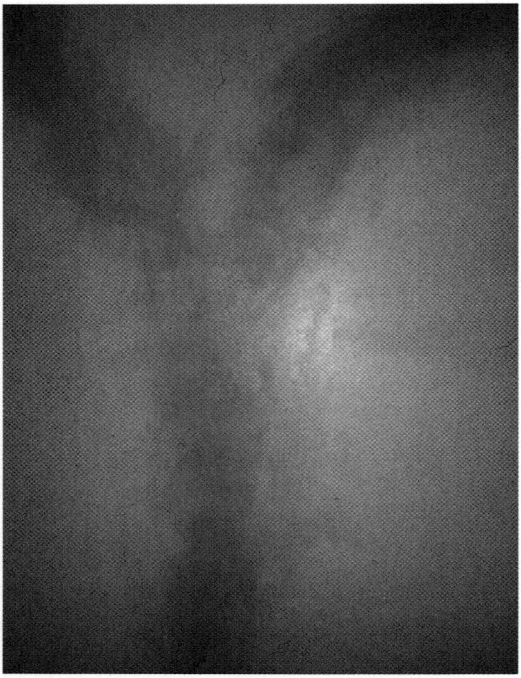

Seid dankbar für die Dinge, die bereits in eurem Leben sind. Schaut euch euren Reichtum an, schaut euch an, was bereits da ist. Je dankbarer ihr dafür seid, wie reich und erfüllt euer Leben ist, je bewusster ihr euch dessen seid, desto mehr wird das Universum sein Füllhorn über euch öffnen.

Schaut nicht nur auf das Große. Schaut auf die vielen kleinen und schönen Dinge, die euch umgeben.

Freut euch, wenn ihr unerwartet einen schönen Gegenstand seht und ihn euch kauft. Erfreut euch an dem Regenbogen, der unerwartet am Himmel auftaucht, an einer interessanten Wolkenformation, die vielleicht sogar einen Engel oder ein Gesicht abbildet. Erfreut euch an einer unerwartet schönen Begegnung, an euren Räumlichkeiten, an einem schönen Abend mit Freunden, an einem Musikstück, das eure Seele berührt, an einem schönen Text, der eine Seite in eurem Herzen zum Klingen bringt.

Erfreut euch an diesen vielen schönen Dingen. Sie machen das Große aus. Sie wandeln euer Leben, verändern euch und euer Umfeld.

Schaut auf meine kleinen Boten mit großer Bedeutung und die vielen Botschaften an euch. Ihr seid nicht allein.

Ist euch aufgefallen, dass ich euch, wenn ihr sehr traurig seid und ich euch nicht erreichen kann, Boten in menschlicher Form sende?

Ihr seid nicht allein. Dessen solltet ihr euch bewusst sein. Ihr geht euren Weg, aber ihr geht ihn nicht allein, auch wenn ihr es oft meint.

Ich umgebe euch mit meinen Boten und Helfern. Genauso seid ihr wiederum ein Bote und Helfer für andere. Ihr Menschen geht immer mehr in ein Miteinander, die Zeit der Macht des Egos, des Gegeneinanders, wird nach und nach nicht mehr möglich sein.

Ihr werdet euch zunehmend bewusst, dass ihr alle eins seid. Dass ihr eine Familie seid, die füreinander da ist. Niemand von euch ist allein. Niemand.

Ihr geht durch große Transformationen und Wandlungen, und ich weiß, wie schwer es oft für euch ist, wie unerwartet ein Schmerz auftaucht, eine Situation, mit der ihr nicht gerechnet habt, oder ihr werdet unerwartet mit einer Situation aus der Vergangenheit konfrontiert.

Geht hier nicht in die Knie, knickt nicht ein, gebt nicht auf. Es sind Situationen, die eurer Transformation und Heilung dienen, um das Alte noch einmal anzuschauen, damit es dann für immer aus eurem Leben gehen kann. Euer Urschmerz soll so für immer aufgelöst werden.

Geht durch diese Transformationen hindurch und seid dankbar. Geht diesen Weg bewusst in der Dankbarkeit.

Auch wenn ihr zwischendurch den Überblick verliert, eines Tages werdet ihr die Antworten erhalten.

Und ihr werdet mit Dankbarkeit auf diese Zeit schauen, denn ihr seid euch der Tragweite dessen bewusst und wie frei euch diese Transformation gemacht hat.

Euer Leben scheint komplex. Aber letztendlich unterliegt es immer wieder denselben Gesetzmäßigkeiten, die euch immer wieder auf den Weg der Seele zurückführen wollen. Es ist euer Navigationssystem mit Schildern und Ampeln. Mal müsst ihr anhalten, weil sonst die Gefahr bestehen würde, dass ihr überfahren werdet, dann ist der Weg frei, und ihr könnt ihn gefahrlos fortsetzen. Mal dürft ihr schneller fahren, dann kommen wieder Zonen, in denen ihr eure Geschwindigkeit reduzieren müsst. Dieses Regelwerk habt ihr für das Erleben in eurer Materie erschaffen, weil ihr, wenn ihr inkarniert, nicht alles erfassen könnt, nicht den Überblick über die ganze Karte habt und oft auch nicht wisst, welcher der richtige Weg ist. Also habt ihr Regeln eingebaut, um wieder auf den richtigen Weg zu kommen und innezuhalten, wenn es angesagt ist, um dann zum richtigen Zeitpunkt loszufahren. Deswegen seid dankbar, auch wenn ihr zwischendurch gestoppt werdet. In dem Moment, in dem ihr es nicht erwartet, öffnen sich alle Türen.

Wer weiß, wenn ihr ungebremst weitergefahren wärt, wer euch überfahren hätte.

Es dient eurem eigenen Schutz, damit ihr auf eurem Weg bleibt.

Geht diesen Weg in all seinen Facetten und Überraschungen, macht euch immer wieder bewusst, dass eure Seele nur das Erhabenste und Größte für euch bereithält.

Ihr sollt glücklich sein. Jeder hat seine spezielle Aufgabe und trägt mit seinem individuellen Klang zu einem Meisterstück bei.

Je mehr Seelen ihren Weg erkennen, ihn gehen und sich ihrer selbst bewusst sind, desto mehr werdet ihr euch auch gegenseitig helfen, desto mehr geht es in eine Gemeinschaft, in ein Miteinander.

Diese Einstellung wird nach und nach alles in eurer Gesellschaft revolutionieren. Niemand wird mehr dem anderen etwas neiden, denn damit wird er immer mehr sich selbst verletzen und blockieren. Neid, Missgunst und Machtgier – diese Eigenschaften greifen immer mehr ins Leere, denn sie lösen im Gegenüber keine Angst mehr aus.

So wird der, der neidet und sich in Missgunst übt, nach und nach sich selbst in die Einsamkeit bringen und von der Gesellschaft ausschließen.

Aber eine weise entwickelte Gesellschaft trägt die Eigenschaft der Vergebung und nimmt jeden wieder auf, wenn er den Weg der Seele gehen möchte, und freut sich, wenn es wieder eine weitere Seele geschafft hat, den Weg der Erkenntnis zu gehen.

Diese Gesellschaft ist weise und dankbar.

Deswegen sei dankbar für dein Sein.
Sei dankbar für das, was du den anderen gibst.
Sei dankbar für deine Einzigartigkeit.
Sei dankbar für deine wundervollen Talente.
Sei dankbar, dass du deinen Weg gefunden hast.

Ich bin dankbar, dass du ihn gehst und dazu beiträgst, diesen einst kranken Planeten wieder zu einem lichterfüllten Paradies zu machen, mit Menschen, die in der Liebe und der Dankbarkeit sind, die weise sind und bewusst.

Ich danke dir dafür.

☆☆☆

II. Der Beginn des Goldenen Zeitalters und seine Herausforderungen im menschlichen Erleben

1. Eure Herausforderungen beim Übergang

„Seid Menschen, mit all euren Emotionen.

Unterdrückt sie nicht. Versucht erst gar nicht, wie Heilige aufzutreten. Ihr werdet es nie sein, und eure Heiligen waren es auch nicht.

Sie waren Menschen, und gleichzeitig waren sie im vollen Bewusstsein des Weges ihrer Seele – trotzdem voller Extreme und Gegensätzlichkeit.

Das machte ihr Charisma, ihre Persönlichkeit aus, und sie waren voller Liebe und Verständnis für den Menschen mit all seinen dunklen Seiten und Unzulänglichkeiten. Eben weil sie diese Seiten transformiert hatten und sich, ihrer Schattenseiten bewusst, dem Weg der Seele zuwandten. Das macht eine große Seele aus...“

Der 21.12.2012 liegt schon einige Zeit hinter euch. Erinnert ihr euch, wie viele Ängste ihr hattet? Wie viele einen Weltuntergang befürchteten? Es ging durch eure Medien, und welche Erleichterung, als dieser sogenannte Weltuntergang nicht stattfand. Letztendlich zeigte dieser Tag, wie sehr sich weltweit jeder mit diesem Ereignis – sei es bewusst oder unbewusst – auseinandersetzte. Es ließ niemanden unberührt, niemanden!

Und welch großer Spott am Tag danach. Wir haben überlebt, es ist nichts passiert. Dieser Tag, vor dem jeder Angst hatte, wurde ins Lächerliche gezogen. Die Spiele eures Egos.

Seit dem 21.12.2012 seid ihr im Neuen Zeitalter, es hat eine Übergangsperiode stattgefunden. Eine Periode von mehreren Jahren, in eurem menschlichen Zeitempfinden über ein Jahrzehnt, in der jede Seele auf Erden, ohne Ausnahme, sich entscheiden kann, welchen Weg sie einschlagen möchte. Folgt sie dem Weg des Herzens, oder ist es der Weg des Egos?

Jede Seele kann sich entscheiden, den Weg des Herzens zu gehen, jede!

Aber seid im Mitgefühl mit den Seelen, die sich nicht entscheiden werden. Sie werden es in einer anderen Inkarnation tun. Für die Schöpfung spielt es keine Rolle, sie liebt und unterstützt jede Seele, aber die Entscheidung muss aus eurem menschlichen Willen heraus geschehen. Deswegen kann die Schöpfung hier nicht eingreifen.

Konzentriert euch auf euch. Die Entscheidungen eures Umfelds könnt ihr nicht beeinflussen. Jeder folgt seinem eigenen Rhythmus. Jeder geht seinen individuellen Weg mit seinen Wahlmöglichkeiten. Jeder erschafft und kreiert sein Leben selbst.

Deswegen seid tolerant. Akzeptiert die Dinge so, wie sie sind, und geht unbeirrbar euren Weg, ohne euch ablenken oder einschüchtern zu lassen.

In dieser Übergangsphase wird sich das Ego im höchsten Maß zeigen. Mit Erstaunen werdet ihr feststellen, wie unerwartet aggressiv und wütend euer Umfeld reagieren wird. Lasst euch diesbezüglich nicht in die Irre bringen. Ihr werdet beobachten, wie schnell ihr euch in alten Verhaltensmustern befindet, die ihr glaubtet, längst transformiert zu haben. Nehmt dies bewusst an, denn es dient eurer vollkommenen Heilung. Diese alten Verhaltensmuster müssen noch einmal auftauchen, weil ihr sie noch einmal anschauen sollt. Seid dankbar, denn dies war euer altes Leben in der Alten Zeit, und ihr dürft nun diese Muster für immer loslassen. Ihr müsst einfach nur darum wissen, dann werdet ihr klar. Die Klarheit hilft euch, zu erkennen. Das Erkennen hilft euch, zu verstehen. Das Verstehen hilft euch, loszulassen und in die Heilung zu kommen. Dieser Prozess findet in der Übergangsphase statt.

Es heißt nicht, dass diese Übergangsphase für jeden von euch über ein Jahrzehnt dauert. Je mehr ihr erkennt, desto mehr kommt ihr in die Heilung und desto klarer und bewusster könnt ihr vorbildhaft euren Weg gehen und eure Visionen in die Materie bringen.

Allerdings werdet ihr über diesen Zeitraum hinweg immer noch mit den alten und ungelösten Verhaltensmustern eures Umfelds konfrontiert, und ihr werdet dementsprechend diese Muster nicht an euch herantreten lassen. Sie werden euch nicht berühren, sondern prallen an euch ab. Das, was euch vor einiger Zeit noch verunsichert und in die Angst gebracht hätte, kann euch nicht mehr verunsichern. Denn ihr wisst um die Prozesse, ihr wisst, was los ist. Ihr wisst, in welcher großen Wandlung ihr euch befindet. Also seid gelassen. Diese Gelassenheit löst etwas in eurem Gegenüber aus. Euer Gegenüber spürt die Kraft und die besondere Aura, die euch umgibt, wodurch es zum Nachdenken angeregt wird. Die alten Machtspiele funktionieren plötzlich nicht mehr. Fassungslos muss euer Gegenüber erfahren, wie ihr ihm die Waffen aus der Hand nehmt. Ihr schlagt sie noch nicht einmal nieder, sondern nehmt sie ihm einfach aus der Hand, legt sie zur Seite und geht ruhig und gelassen weiter euren Weg.

Was meint ihr, was das nach und nach für Veränderungen auslöst? Wie euer vorbildhaftes Verhalten nach und nach das Verhalten der anderen verändern wird?

Das ist einer der Gründe, warum ihr so heftig und schnell durch eure Transformationsprozesse geht. Ihr sollt bereits in der Übergangszeit stark und gefestigt euren Weg gehen. Ihr sollt euch der Macht- und Egospiele voll und ganz bewusst sein, um euren Mitmenschen zu helfen – sie auf ihre Wahlmöglichkeit aufmerksam machen, den Weg der Seele zu gehen, und gleichzeitig zeigt ihr ihnen, wie es geht. Ihr seid Vorbild und Lehrer. Ihr seid weise, ruhig, im Vertrauen, ihr seid euch der Gesetzmäßigkeiten des Lebens bewusst. Ihr seid voller Mitgefühl und in der Klarheit. Ihr lebt aus dem Herzen heraus – ihr seht und nehmt wahr mit dem Herzen. Nicht ohne Grund seid ihr durch so viele Schulungen und Transformationen gegangen. Ihr habt das Alte hinter euch gelassen und seid mutig euren Weg in das Neue gegangen. Oft wusstet ihr nicht wie, oft zwangen euch die Angst und die Verzweiflung in die Knie. Wie oft habt ihr geweint, euch einsam gefühlt, und trotzdem habt ihr nicht aufgegeben, seid immer wieder aufgestanden und weiter euren Weg gegangen.

Nun ist der 21.12.2012 vorbei, und nichts scheint leichter. Immer noch ein Auf und Ab, das Verhalten eures Umfelds erscheint euch immer mehr in Extremen. Nichts befindet sich scheinbar mehr in Harmonie. Und trotzdem hat sich etwas verändert. Ihr trefft auf Gleichgesinnte. Plötzlich könnt ihr euch über alles unterhalten. Ihr könnt sein, wie ihr wirklich seid. Ihr werdet geliebt. Menschen, die ihr noch gar nicht lange kennt, geben euch ein Gefühl der Liebe und Geborgenheit, dass ihr nicht alleine seid. Das ist eine neue Erfahrung, es ist die Neue Energie. Das Gefühl des Miteinanders.

Gleichzeitig erlebt ihr Ungerechtigkeiten und könnt nicht fassen, wie mit Menschen umgegangen wird, wie skrupellos, wie wenig Mitgefühl vorhanden ist, wie gegen die Gesetzmäßigkeiten des Lebens gehandelt wird. Das ist die alte Energie.

Alte und neue Energie prallen momentan aufeinander. Euer Leben erscheint euch voller Gegensätze. Einerseits Freude, Liebe, Mitgefühl, auf der anderen Seite Rücksichtslosigkeit, Aggressionen und Zerstörung. Es ist schwierig, innerhalb dieser Polaritäten in eurer Mitte zu bleiben. Aber das ist die Energie eurer jetzigen Zeit. Es ist die Zeit der Entscheidungen, in denen die alte Energie, die nicht mehr lange existieren kann, sich noch ein letztes Mal zeigt, der Neuen Energie aber langfristig unterliegen wird. Sie wird der Energie der Liebe und der Wahrheit weichen.

Lernt in dieser Zeit, bei euch zu bleiben. Es wird euch immer wieder etwas aus dem Gleichgewicht bringen. Aber lasst euch nicht in die Irre führen, bleibt euch, euren Träumen und Visionen treu. Es ist energetisch keine einfache Zeit. Nichts ist mehr so, wie es einmal war. Es ist, als ob zwei Welten nebeneinander leben. Einerseits wunderschöne Erlebnisse, Türe öffnen sich unerwartet, und dann wieder Chaos. Beziehungen gehen auseinander, Entlassungen in großen Unternehmen finden statt, Machtspiele extremster Art. Ihr müsst mit ansehen, wie mit Menschen unwürdig und erbarmungslos umgegangen wird. Es erscheint euch unglaublich, ganz zu schweigen von den Fernsehbildern, den vielen ausbrechenden Kriegen, den Demonstrationen und der Gewalt. Die alte Energie bäumt sich auf wie nie zu vor. Jede Seele auf Erden bekommt eine letzte Chance, welchen Weg sie einschlagen möchte. Das Ego tobt wie nie zuvor. Auch ihr, die ihr den Weg der Seele geht, seid eurem eigenen Ego ausgesetzt – immer wieder. Ängste machen sich breit, von denen ihr glaubtet, sie wären nicht mehr vorhanden. Ihr seid ohne Gründe traurig, ihr zweifelt, ob ihr den richtigen Weg geht. Manchmal habt ihr den Eindruck, ihr hättet den Weg eurer Seele verfehlt.

Ich sage euch: Es ist kein Wunder, dass es euch so geht. Dass ihr euch in manchen Augenblicken unglaublich gut fühlt, und im nächsten Augenblick stellt ihr alles infrage. Auch euer Ego tobt und rebelliert. Ihr müsst es nur erkennen. Habt Geduld mit euch, lasst den Sturm über euch ergehen. Trefft keine Entscheidungen, wenn ihr euch in solchen Gemütszuständen befindet. Versucht, es euch anzuschauen. Versucht, euer eigener Beobachter zu sein. Betrachtet euch, als ob ihr einen Film anschaut. Fühlt mit dem Hauptdarsteller und schaut zu, wie er sich wieder aus dieser Situation löst, denn es wird kein Zusammenbruch kommen, sondern eine Auferstehung. Jeder Zusammenbruch, bei dem ihr glaubt, es geht nichts mehr, bringt euch einen neuen Anfang, eine neue Ebene, bringt euch wieder ins Bewusstsein, wer ihr wirklich seid.

Erstaunlicherweise werdet ihr bei solchen Zusammenbrüchen erkennen, dass ihr nicht ins Bodenlose fallt, sondern euch etwas hält, euch schützt, euch wieder Stärke, Energie und Begeisterung bringt, auch wenn ihr es nicht mehr für möglich haltet. Das ist die Neue Energie. Und Schritt für Schritt werdet ihr immer mehr in dieser Neuen Energie verweilen.

Ihr werdet immer klarer werden. Nach und nach, im Laufe der Zeit, werdet ihr die Spiele eures Umfelds glasklar durchschauen. Nach und nach erkennt ihr die Egospiele, die Machtspiele, wisst ihr ganz genau, auf welcher Ebene sich euer Gegenüber befindet. Und ihr werdet mit der Zeit gelassener, denn ihr wisst, die Wahrheit sucht sich ihren Weg. Dieses Mal wird die Wahrheit alles transformieren. Dieses Mal werden Regelungen stattfinden, wie es sie in der Menschheitsgeschichte noch nicht gegeben hat. Mit der Zeit werden diese Ego- und Machtspiele vom Gegenüber ignoriert. Es spielen immer weniger mit, weil immer mehr Menschen im Bewusstsein sind und gelernt haben, bei sich zu bleiben. Die übliche Machtausübung und das übliche Andere-klein-Machen, es funktioniert einfach nicht mehr. Ihr lasst euch nicht mehr in die Angst bringen, und damit hat euer Gegenüber verloren. In anderen Zeiten war es noch möglich, langfristig mit Unterdrückung und Drohungen durchzukommen. Jetzt nicht mehr. Es gibt nur noch zwei Möglichkeiten:

Entweder findet ein Wandel statt, ein Lernprozess, durch den sich der Mensch nach und nach eines Besseren besinnt und seine Fehler erkennt. Es kann sein, dass er demütig Vergangenes wieder gutmachen wird und sich zu einer sehr liebevollen und weisen Persönlichkeit und auch einem großen Lehrer für sein Umfeld entwickelt. Oder es wird durch die Schöpfung geregelt, durch einen Schicksalsschlag, eine Krankheit, Machtverlust oder finanzielle Krisen. Auch dann besteht immer noch die Möglichkeit einer Rückkehr. Wenn die Seele immer noch nicht bereit ist, bleibt sie in dieser Energie verhaftet. Für einen gewissen Zeitraum wird es sein, als würden zwei Welten nebeneinander leben. Für die einen erscheint diese Welt nach und nach immer mehr wie ein Paradies, für die anderen wird sie immer mehr zu einer gefühlten Hölle. Die Seelen, die in diesem Leben noch nicht bereit sind, den Weg der Liebe zu gehen, werden es dann in einem anderen Leben schaffen.

Seid im Mitgefühl mit ihnen und geht weiter. Geht euren Weg weiter. Auch wenn der Anfang der Neuen Zeit euch nicht rosig erscheint und ihr selbst vielen Prozessen unterlegen seid.

Habt Geduld. Eins nach dem anderen wird sich für euch lösen, und ihr werdet immer mehr in eine gelebte Harmonie hineinkommen. Mit den parallel verlaufenden Disharmonien eures Umfelds werdet ihr immer mehr klarkommen und sie für euch transformieren.

Deswegen macht euch keine Sorgen, lebt euer Leben in all seinen Facetten und mit allen Emotionen. Lasst alles zu, in dem Wissen, dass Trauer, Wut und Tränen Reinigungen sind als Vorbereitung für Liebe, Glück und Freude.

Trainiert, gelassen zu sein in dieser Zeit, in der sich das Ego ein letztes Mal aufbäumt, in einer Intensität, wie es selten auf Erden der Fall war.

Denkt daran, das Ego wird immer euer Begleiter sein. Aber mehr als ein Schatten, um den ihr wisst, insbesondere wenn die Sonne scheint. Wisst um diesen Begleiter, versucht ihn gar nicht erst zu töten, das ist eine Illusion. Aber ihr könnt ihn auf seinen Platz verweisen. Ihr seid Herr über euer Ego, ironischerweise braucht ihr es in dieser Übergangsphase. Ihr braucht das Ego als Mittel zum Zweck, um euer Gegenüber, das noch voll und ganz seinem Ego ausgesetzt ist, in seine Schranken zu verweisen. Ihr müsst eure Grenzen setzen. Ihr müsst Stopp sagen können, sonst kommt euer Gegenüber nicht in seine Lernprozesse. Ihr müsst handeln, wie es euer Gegenüber nicht erwartet. In diesem Moment nehmt ihr ihm seine Waffen aus der Hand und legt sie hin. Nur so löst ihr etwas aus und bringt euer Gegenüber zum Nachdenken. Nur so können Lernprozesse stattfinden, möglicherweise sogar eine Bewusstseinsänderung, eine Umkehr. Ihr seid in dem Moment ein wichtiger Lehrer. Genauso, wie vielleicht jemand für euch ein wichtiger Lehrer ist, wenn ihr in Prozessen steckt, in denen ihr euch selbst blockiert und nicht mehr wisst, was ihr tut.

Die Dinge sind nie so, wie sie scheinen.
Ihr dürft auch mal wütend sein.
Ihr dürft jemanden in seine Schranken verweisen.

Ihr dürft jemanden aus seiner Starre reißen, aus seinem Selbstmitleid, seinem Egoismus, aus einem Verhaltensmuster, das nicht nur ihm selbst, sondern auch seinem Umfeld schadet.

Ich weiß, dass ihr jetzt staunt, weil die Schöpfung euch sagt, ihr könnt auf diese Art jemanden in seine Schranken verweisen.

Es liegt daran, weil ihr euch in der Materie befindet – ihr befindet euch in einem menschlichen Körper und unterliegt euren eigenen Gesetzmäßigkeiten.

Seid Menschen, mit allen dazugehörigen Emotionen. Unterdrückt sie nicht. Versucht erst gar nicht, wie Heilige aufzutreten. Ihr werdet es nie sein, eure Heiligen waren es auch nicht.

Sie waren Menschen, gleichzeitig waren sie im vollen Bewusstsein des Weges ihrer Seele und trotzdem voller Extreme und Gegensätzlichkeit.

Das machte ihr Charisma, ihre Persönlichkeit aus, und sie waren voller Liebe und Verständnis für den Menschen mit all seinen dunklen Seiten und Unzulänglichkeiten. Eben weil sie diese Seiten transformiert hatten und sich, ihrer Schattenseiten bewusst, dem Weg der Seele zuwandten. Das macht eine große Seele aus. Eine große Persönlichkeit hat gelernt, sich im Anerkennen ihrer Schattenseiten dem Weg der Seele zuzuwenden und dadurch Mitgefühl zu empfinden. Das ist die Größe, das ist das Charisma eurer Heiligen. Das ist die Größe von Jesus, von Buddha, von Mohammed, von so vielen wunderbaren Menschen eurer Menschheitsgeschichte.

Ich rufe euch auf, Menschen zu sein, keine Überheiligen. Seid Mensch mit allen Facetten und mit all eurer Menschlichkeit, aber mit Herz. Lebt eure Menschlichkeit aus dem Herzen heraus. Habt Ecken und Kanten, seid meinetwegen mürrische, wortkarge Zeitgenossen, aber lebt aus dem Herzen heraus. Zeigt eure Herzenswärme, eure Liebe. Ihr müsst nicht predigen, ihr müsst dafür nicht euren Job wechseln, wenn er euch Freude bereitet. Ihr müsst auch nicht euren Partner wechseln, bloß weil er sich nicht bewusst über den Weg der Seele unterhalten möchte. Entscheidend ist, dass ihr ihn liebt, und vielleicht ist genau diese Persönlichkeit sich mehr des Wegs ihrer Seele und dem Ruf ihres Herzens bewusst als ihr. Nicht jeder spricht darüber oder holt es sich ins Bewusstsein. Entscheidend ist, wie gelebt wird, und wenn diese Person aus dem Herzen lebt und sich keine Gedanken darüber macht, dann seht es als ein wunderbares Beispiel, wie zentriert und in der Ruhe ein Mensch sein kann – und wie schön.

Seid Mensch, bewusst oder unbewusst. Entscheidend in der Neuen Zeit ist, dass ihr aus dem Herzen lebt. Selbst denjenigen, die es unbewusst tun, wird es eines Tages bewusst, weil sie zu den Menschen gehören, deren Gesellschaft die anderen suchen. Am Anfang werden sie sich darüber wundern, doch eines Tages wird ihnen klar, warum:

Weil sie aus dem Herzen leben.

Erkennt eure Schwächen und Schattenseiten an, eure Ticks und Vorlieben. Steht zu ihnen. Erkennt sie als Teil eurer Persönlichkeit an. Dadurch werden einige ganz verschwinden. Andere werden bleiben, weil sie euch so liebenswert machen und euer Umfeld zum Lachen bringen.

Vielleicht liebt euer Umfeld euch sogar wegen eurer vermeintlichen Schwächen.

Seid in dieser Zeit des Übergangs geduldig mit euch. Euch erscheint alles wie ein ständiges Auf und Ab, ein Gefühlschaos. Mal geht es euch gut, am nächsten Tag seid ihr geradezu depressiv. Es gibt Wochen, in denen ihr nachts immer wieder aufwacht, ihr intensiv träumt, ihr unruhig, rastlos seid, dann folgen wieder Phasen, in denen ihr voller Freude und energiegeladen seid – plötzlich und unerwartet.

Ihr seid alles, bloß nicht in der Ruhe.

Das sind eure Transformationen, die voll und ganz im Gange sind. Wisst darum. Es ist momentan normal, es geht jedem so. Alte Energien vermischen sich mit den neuen. Ihr schwingt höher. Ihr müsst euch erst an diese höheren Energien gewöhnen. Ganz schöne Herausforderungen für euer menschliches Erleben, für euren Körper und euer Wohlbefinden. Nach und nach werdet ihr immer mehr in die Stabilität kommen. Ihr seid sehr damit beschäftigt, euch eure Themen und Urängste anzuschauen.

Sie erscheinen euch so extrem wie nie zuvor. Aber denkt daran, wenn ihr diese alten Emotionen durchlaufen habt, die euch immer wieder in Zyklen heimsuchen, bis sie voll und ganz transformiert sind, dann seid ihr vollständig in der Neuen Energie. Das Alte, das es endgültig zu transformieren galt, ist verschwunden, und ihr könnt voll und ganz in eure Neue Energie, in eure Neugeburt eintauchen. Aber es bedarf der Geduld und des Vertrauens in eure eigene innere Weisheit, in die Schöpfung.

Es geht voran, auch wenn ihr es nicht mehr glauben mögt. Aber es ist so, und nach den ganzen Gewitterwolken, die über euch hinwegziehen, wird wieder die Sonne strahlen, und genauso wird euch ein Regenbogen in all seinen Farbpaletten erscheinen. Dann seid ihr gereinigt. Aber trotzdem behaltet ihr eure wundervolle Persönlichkeit, mit allen Ecken und Kanten, aber zentrierter, klarer, im Vertrauen, ruhig und lebendig, voller Freude und Liebe.

Das seid ihr.

Und es geht hinein in ein Miteinander. Ihr werdet immer mehr zu einer Gemeinschaft. Weltweit rücken die Menschen zusammen, werden sich immer mehr helfen und sich einander zuwenden.

Dann ist der Mensch voll und ganz in der

Neuen Energie.

Der eigene Schöpfer seines Lebens.

Aber die Schöpfungen sind lichtvoll, erhaben und schön, im Einklang mit dem höchsten göttlichen Plan des Lichts.

Der harte steinige Weg hat sich gelohnt, und nun steht ihr am Anfang eures neuen Seins. Es erwartet euch ein Abenteuer, das eure kühnsten Träume in den Schatten stellt.

☆☆☆

2. Der Mensch in der Neuen Zeit

„Habt ihr einmal den Weg der Seele und des Herzens eingeschlagen, gibt es keine Rückkehr mehr. Ihr könnt in eurer Entwicklung keine Rückschritte machen, sobald eure Entscheidung gefallen ist.“

Der Mensch in der Neuen Zeit – was macht ihn aus im Gegensatz zu der Zeit vor dem Goldenen Zeitalter, was ist gänzlich transformiert und vollkommen verändert, was bleibt?

Es gibt viele Theorien, wie der Mensch in der Neuen Zeit aussehen könnte. Unterschiedliche Vorstellungen von dem, was ihr euch gar nicht richtig vorstellen könnt. Manche meinen, der Körper wird immer durchlässiger, und ihr steigt auf, seid für die anderen nicht mehr sichtbar.

Es ist bodenständiger als ihr denkt.

Es ist nicht so, dass ihr aufwacht und nach den ganzen Transformationen ist alles anders – eure Welt, eure Wahrnehmung, eure Umgebung.

So ist es nicht. Ihr könntet eine Veränderung von jetzt auf gleich nicht verkraften. Es würde euch aus dem Körper bringen.

Nein, es ist „normaler und menschlicher“ als ihr denkt.

Seit Jahren befindet ihr euch in Prozessen, in permanenten Veränderungen. Ihr werdet mit euren alten Themen konfrontiert – zum Heilen, Anschauen und Loslassen. Dazu werden euch Menschen geschickt, die euch in die Lernaufgaben bringen, damit ihr sie transformiert und für immer davon befreit seid. So werdet ihr nach und nach immer freier. Aber es sind teilweise sehr schmerzhafte Prozesse. Ihr befindet euch also in einer kontinuierlichen Veränderung. Ein ständiger Prozess des Wandels. Dieser kontinuierliche und stete Prozess des Wandels bringt euch nach und nach in eine vollkommene Veränderung.

Das Besondere im Vergleich zu anderen Inkarnationen ist, dass ihr in eine vollkommene Heilung eintretet. Ihr habt eure Urängste und euch blockierende Verhaltensmuster transformiert. Das bewirkt, dass ihr aus eurem Herzen lebt. Je mehr Menschen geheilt sind und aus dem Herzen leben, desto mehr wird sich eure Welt verändern. Ego in dem Ausmaß, wie ihr es bis jetzt erlebt, wird es nicht mehr geben. Es geht das Ego, das manipuliert, betrügt, anderen schadet und immer wieder den Weg der Seele blockiert und sabotiert. Die Ursache eures menschlichen Leidens.

Auch in eurer transformierten Welt wird es das Ego geben, aber in einer anderen Form. Ihr braucht es, um euch von anderen abzugrenzen. In dem Fall kann euer Gegenüber auch erkennen und aussteigen. Ihr steigt dann beide wieder aus. Durch das bewusste Einsteigen in das Ego seid ihr in der Lage, das Ego sofort zu spiegeln, und ihr helft dem anderen auszusteigen, der es dann dankbar annimmt.

Das sind komplett andere Verhaltensmuster, eine völlig andere Wahrnehmung.

Nach eurer bewussten Entscheidung gibt es nur noch den Weg des Herzens. Deswegen finden zurzeit diese extremen Reinigungen und radikalen Veränderungen statt. Es sollen so viele wie möglich den Anschluss bekommen, die Möglichkeit erhalten, sich in der Übergangsphase noch für den Weg der Seele zu entscheiden.

Denn in der nach dieser Phase entstehenden Welt zählt nur noch das Herz. Ihr werdet aus dem Herzen heraus manifestieren. Alles, was ihr umsetzen und erreichen wollt, kann nur aus dem Herzen heraus gewünscht und angestrebt werden. Deswegen diese extremen Reinigungen, die auch viel mit eurem Herzen zu tun haben. Alle Blockaden, alles, was das Ego euch bis jetzt immer wieder in den Weg gestellt hat, wird transformiert, entfernt, Heilung tritt ein, und nur dann, nach diesen teilweise für euch heftigen und auch schwierigen Prozessen, ist es erst möglich, frei aus dem Herzen zu transformieren. Seid ihr noch nicht vollkommen in eurem Herzen geheilt, erfolgen die Wünsche noch oft aus dem Ego heraus. In dieser Phase der Transformationen und des Übergangs lernt ihr nach und nach zu unterscheiden, welche die Wünsche des Herzens sind und welche die des Egos.

In dieser Phase lernt ihr, voll und ganz aus dem Herzen heraus euer Leben zu manifestieren. Das Erstaunliche ist, dass die Dinge, um die ihr bittet, relativ schnell eintreffen. Damit müsst ihr auch erst lernen, umzugehen. Wäre das jetzt schon der Fall, es würde euch teilweise überfordern, und ihr würdet wieder vermehrt aus dem Ego heraus wünschen.

Deswegen bitte ich euch, geduldig mit euren Prozessen zu sein. Kümmert euch um euch, geht eure Themen an, bei denen ihr spürt, dass sie noch der Heilung bedürfen. Wenn ihr darum bittet, sende ich euch Menschen, die euch zur Seite stehen und helfen, dann habt ihr es einfacher.

Ich werde euch Lehrer senden.

Eine neue Gemeinschaft wird entstehen. Euch wird immer mehr bewusst, dass ihr umgegeben seid von eurer Seelenfamilie.

Menschen, die genauso schwingen wie ihr. Ein liebevoller Umgang miteinander. Wenn jemand Hilfe oder Unterstützung braucht, wird sofort geholfen. Es ist eine Gesellschaft, in der sich niemand mehr alleine fühlt. Geben und Nehmen sind im Gleichgewicht. Ihr erkennt einander. Auch wenn ihr euch zum ersten Mal begegnet, erkennt ihr einander. Ihr erkennt euch als geläuterte und edle Persönlichkeiten, die durch viele Transformationen und Läuterungen gegangen sind. Die erst den schmerzhaften Weg des Egos zum Herzen gegangen sind. Ihr fühlt euch mit allem verbunden. Ihr achtet und respektiert einander. Ihr seid nicht mehr in der Lage, anderen Schaden zuzufügen.

Jeder geht den Weg der Seele, und genauso trägt jeder zum Großen Ganzen bei. Eure Leben greifen ineinander wie Zahnräder. Zusammen erschafft ihr einen neuen Planeten Erde, geheilt und im Einklang mit Allem-was-ist.

Es ist der Himmel auf Erden.

Dieses Geschenk erlebt ihr bewusst in eurem menschlichen Körper. Ihr achtet euren Körper. Durch das Leben in der Liebe und mit Allem-was-ist werdet ihr euch automatisch immer wieder verjüngen. Die Nahrung, die ihr zu euch nehmt, ist ohne Manipulation und Gentechnik. Sie ist in Liebe erzeugt und hergestellt worden, frei vom Raubbau an der Natur, frei vom Töten und Quälen eurer Tiere. Ihr liebt und achtet eure Geschwister, die Tiere. Ihr werdet nach und nach aufhören, sie zu verzehren. Sie werden andere Aufgaben in eurem Leben übernehmen. Sie werden eure Freunde und Lehrer. Ihr werdet staunen über diese wunderbaren Persönlichkeiten und die eigentlichen Geschenke, die sie euch geben. Ihr wisst ja bereits, wie wunderbar eure Haustiere sind, insbesondere eure Katzen, Hunde und Pferde. Aber habt ihr euch einmal Gedanken gemacht über die schöne warmherzige Persönlichkeit einer Kuh, das Temperament und die Gesprächigkeit einer

Ziege, die unglaubliche Intelligenz und den Humor eines Schweins? Habt ihr hier schon einmal genau hingeschaut? Diese Aufzählungen lassen sich unendlich fortsetzen.

Ihr werdet zunehmend mit ihnen kommunizieren und Erstaunliches über euren Planeten erfahren. Sie werden euch in Geheimnisse einweihen, die für die Tierwelt eine Selbstverständlichkeit, euch aber noch völlig verschlossen sind.

Ihr seid voll und ganz im Hier und Jetzt. Ihr seid bewusst. Ihr geht euren Weg im Bewusstsein eures Herzens, aus dem Herzen heraus, im Einklang mit dem Herzen. Ihr habt Herausforderungen. Die Entwicklungen hören nie auf. Ihr tragt mehr Verantwortung. Befindet ihr euch nicht im Einklang mit dem Herzen, werdet ihr das sehr schnell zu spüren bekommen. Eure Gedanken werden dann nicht Realität. Alles, was nicht eurem Herzen entspricht, wird nicht umgesetzt. Handelt ihr jedoch aus dem Herzen heraus, seid ihr euch der täglichen Ausbildung eures Charakters sehr viel bewusster. Alles ist bewusst, eure täglichen Handlungen, eure Wortwahl, eure Gedanken, dementsprechend werdet ihr bewusst auch Veränderungen vornehmen und euch korrigieren.

Eure Unternehmen werden sich verändern, ein anderes Bewusstsein entwickeln. Eure Geschäftsleiter und Führungsspitzen werden in dem vollen Bewusstsein sein, dass ein Unternehmen nur dann dauerhaft erfolgreich ist, wenn die geistigen Gesetzmäßigkeiten eingehalten werden. Das heißt, keine internen Machtspiele mehr, keine Manipulationen. Es geht um ein Miteinander statt ein Gegeneinander. Alle Mitarbeiter werden in den Firmen, egal, welcher Größe, geachtet und wertgeschätzt. Sie können sich frei entwickeln, werden in ihren Talenten gefördert und sind in der Regel am Umsatz mit beteiligt. Hinzu kommt eine soziale Verantwortung. In der Regel verfügen die großen Unternehmen der Neuen Zeit über zusätzliche Organisationen und Stiftungen, die sich für ein wichtiges Projekt einsetzen und es finanzieren.

Es wird zu großen Veränderungen in den Führungsspitzen eurer Länder kommen. Es werden sich dort Persönlichkeiten einfinden, die sich des höchsten göttlichen Plans des Lichts voll und ganz bewusst sind und dementsprechend das jeweilige Land führen. Die Seelenpläne lassen sich nicht nur auf jedes Leben eines Menschen anwenden, sondern auch auf das jeweilige Land. Jedes Land auf Erden hat eine Besonderheit, Eigenschaft und Individualität, geprägt durch die jeweilige Energie und Mentalität. Auch unter den Regierungen der Welt wird es nur noch ein Miteinander gehen. Es geht um die Umsetzung des höchsten göttlichen Plans des Lichts. Entscheidungen werden gefällt und danach ausgerichtet, ob sie im Einklang sind mit den geistigen Gesetzen und dem Plan Gottes.

Das wird der rote Faden eurer neuen Gesellschaft im Neuen Zeitalter sein.

Die Grundenergie ist der Plan Gottes:

Liebe,
Vertrauen,
Harmonie,
Frieden,
Freude,
Gelassenheit,
Freiheit,
Glück,
Reichtum,
Vergebung,
Annahme,
Dankbarkeit.

Die neu entstehende Gesellschaft ist sich der einzelnen Elemente des Plans Gottes bewusst. Sie ist in der Liebe zu Allem-was-ist, im Vertrauen in die Führung des Universums und dem Aufzeigen der richtigen Lösung für jede Herausforderung. Sie befindet sich in der Harmonie zu Allem-was-ist und im Gleichgewicht und lebt den inneren und äußeren Frieden. Sie ist in der Freude, in der Freude zum Leben und zu Allem-was-ist. Freiheit ist ein hohes Gut. Eingebunden in der Gemeinschaft, aber trotzdem in der Freiheit, und sie trägt zur Freiheit aller bei. Sie ist im Bewusstsein eines hohen Glücks. Das Glück beinhaltet auch die Wahrnehmung des versteckten Segens, wenn der Weg anders verläuft wie erwünscht. Diese Wahrnehmung macht eure Gesellschaft flexibel und verhindert das Aufkommen einer Starre.

Ihr lebt alle in einem Bewusstsein des Reichtums im Gegensatz zu dem jetzt noch vorherrschenden Armutsbewusstsein. Diese veränderte Einstellung bewirkt einen kontinuierlichen Fluss der Fülle. Eure neue Gesellschaft kann vergeben. Sie vergibt denen, die aus dem Ego heraus schädliche Entscheidungen getroffen haben. Durch diese Vergebungsenergie entsteht Heilung für alle, und die Person, das Unternehmen oder die Organisation, die aus dem Ego heraus gehandelt hat, wird automatisch zurückfinden auf den Weg des Herzens und Gottes Plan.

Ihr seid in der Lage, Geschenke und auch Herausforderungen anzunehmen. Das bewirkt eine kontinuierliche Weiterentwicklung und Bewegung. Es wird keinen Stillstand mehr geben.

Dankbarkeit. Eine bewusste Gesellschaft mit ihren Regierungen, Unternehmen und Organisationen, die dankbar ist, ist sich der göttlichen Führung bewusst und dankbar für das, was ist. Dankbar, auf diesem Planeten zu sein, in diesem neuen, Goldenen Zeitalter leben zu dürfen. Diese Dankbarkeit bewirkt eine Achtung und eine Wahrnehmung der göttlichen Führung, was euch umso schneller eure Lösungen auf jede Herausforderung geben wird.

3. Meine Botschaft

Ich übermittle euch Botschaften. Diese Botschaften sollen euch Mut machen, sollen helfen, an euch zu glauben, sollen euch spürbar machen, dass ich da bin. Ihr seid nicht allein. Die Schöpfung ist in euch. Ihr seid mein Kanal. Durch euch will ich den höchsten göttlichen Plan des Lichts manifestieren – für eine neue Erde in einem neuen, Goldenen Zeitalter.

Deswegen folgt der Stimme eures Herzens. Sie ist meine Stimme. Nun vernehmt meine Botschaft:

„Seid Mensch,
liebt euch,
liebt euer Leben,
seid nicht zu streng mit euch.
Lebt eure Widersprüche.
Lebt eure Polaritäten.
Seid traurig,
seid fröhlich,
liebt und liebt auch nicht.
Geht euren Weg
und geht ihn zwischendurch nicht.
Wenn ihr zweifelt, dann zweifelt,
in dem Wissen, dass ihr nur über den Zweifel wieder ins Vertrauen findet.
Seid mal verrückt,
seid ihr selbst,

seid wie die Kinder.
Versucht erst gar nicht, vernünftig zu sein,
ihr seid es nicht.
Lebt in der Freude,
lebt aus dem Herzen,
lebt das Leben in all seinen Facetten,
denn so lebt ihr ein Leben voll und ganz in eurer Wahrhaftigkeit.
Die Widersprüchlichkeiten eures Lebens
führen euch zu euch selbst,
führen euch in eure Wahrhaftigkeit.
Die Widersprüchlichkeiten reinigen euch von dem Rohen, reinigen euch von dem, was nicht euer ist.
Denn nur so könnt ihr euch erfahren.
Es gibt kein Altern,
Altern ist Illusion.
In eurem Herzen seid ihr alle zeitlos,
frei von Begrenzungen, frei von Illusionen.
Es gibt nur diesen einen Weg,
und das ist der Weg eures Herzens.
Und jeder einzeln gelebte Weg aus dem Herzen heraus erschafft eine neue Erde mit Menschen, die zeitlos und frei aus dem Herzen leben und ihre Visionen in die Materie bringen.
Und jede gelebte Vision aus dem Herzen heraus erschafft diese neue Erde, erbaut von ihren wunderbaren Bewohnern.

Wo einst Unfrieden und Ungleichgewicht vorherrschten, ist nun eine Erde, deren Bewohner den Plan Gottes umsetzen:

LIEBE,
VETRAUEN,
HARMONIE,
FRIEDEN,
FREUDE,
GELASSENHEIT,
FREIHEIT,
GLÜCK,
REICHTUM,
VERGEBUNG,
ANNAHME,
DANKBARKEIT.

In Anbetracht dieses Ergebnisses – hat es sich nicht gelohnt, diesen Weg zu gehen?
Deinen WEG!

Und die Schöpfung verbeugt sich in Anbetracht dieses großen Wunders, das die Menschheit vollbracht hat.

Erkenne dich, erkenne dein Sein.
SEI DU SELBST!

ERKENNE DICH IN DIESEM GROSSEN GANZEN!“

Ihr wundert euch, warum die Schöpfung euch teilweise empfiehlt, diese Widersprüche zu leben? Ich empfehle sie euch, weil ihr bewusst in die Inkarnation eines Menschen eingetreten seid. Ihr geht bewusst in die Inkarnation eines Menschen, um die Polaritäten eures Menschseins zu erleben. Früher haben euch diese Polaritäten in die Zerstörung geführt. Nun ist es anders. Nun bringen sie euch in die Schöpferkraft im Einklang mit eurem Herzen. Trotzdem müsst ihr euch des Facettenreichtums eures Menschseins bewusst sein, weil ihr sonst ohne Mitgefühl wäret. Wenn ihr nicht um die Fallen eures menschlichen Daseins wüsstet, könntet ihr nicht vergeben. Deswegen ist es besser, bewusst negativ zu sein, anstatt diese Negativität zu unterdrücken, denn nur euer Bewusstsein führt euch dort wieder heraus. Das ist die Kunst, das ist das Geheimnis eures menschlichen Erlebens. Diese Herausforderung habt ihr nicht, wenn ihr euren Körper verlasst und in die Geistige Welt eintretet. Aber trotzdem nehmt ihr euch mit. Ihr nehmt euren ausgebildeten Charakter mit, eure Persönlichkeit und euer Erleben auf Erden. Deswegen nehmt auch das Erleben eurer Widersprüche und Polaritäten mit, das euch zu Menschen macht und euch auf die nächsthöhere Stufe eurer Entwicklung bringt.

Eines sage ich euch: Ihr werdet nie stehenbleiben. Euer allgemeines Sein, egal, ob diesseits oder jenseits, ist einer stetigen Entwicklung unterworfen. Ihr bleibt nie komplett stehen. Ruht und rastet zwischendurch, doch dann geht weiter. Denn es geht immer weiter, aufwärts, höher.

Es ist in euch so angelegt, und es bereitet euch Freude. Seht es als ein großes Abenteuer in wiederkehrenden Zyklen, die euch immer eine Stufe höherbringen, spiralförmig aufwärts. Jedes Ende birgt einen neuen Anfang in sich, und das ist wunderbar, schön und spannend.

Das seid ihr,
das bist du,
das ist das Universum,
das ist die Schöpfung,
das bin ich,
das bist DU,
DU!

☆☆☆

Danksagung

An dieser Stelle möchte ich mich bei meiner Mentorin Claudia Sanchez Ortega bedanken. Sie ist einer von den Engeln und Helfern in menschlicher Form, die mir die Schöpfung sandte.

Leila Eleisa Ayach

Über die Autorin

Leila Eleisa Ayach beschäftigt sich seit ihrer Jugend intensiv mit der nichtsichtbaren Welt. Bereits in jungen Jahren begann sie, sich bewusst mit den Ursachen und Wirkungen, den karmischen Gesetzmäßigkeiten des weltlichen Lebens auseinanderzusetzen.

Zunächst beschäftigte sie sich intensiv mit verschiedenen Weltbildern, studierte viele philosophische Schriften und kam schließlich mit den Schriften des Sufismus in Berührung.

Die Durchgabe der Seelenverträge bewirkte erneut tiefe Transformationen in ihrem Leben. Darüber hinaus erhielt die Autorin weitere Botschaften über das Goldene Zeitalter. Diese Botschaften sind unabhängig von den Seelenverträgen und stehen für sich, jedoch sind sie die Essenz der Seelenverträge.

Ihr tiefes Anliegen ist, den Mitmenschen zu helfen, sich wieder zu spüren und im Einklang mit der Seele und dem höchsten göttlichen Plan zu leben.

Leila Eleisa stammt aus Deutschland und lebt heute in der Schweiz bei Zürich.

Leila Eleisa Ayach

Seelenverträge – Absprachen in Liebe

152 Seiten, A5, broschiert

ISBN 978-3-941363-24-3

Wir fühlen uns oft machtlos einem Schicksal ausgeliefert, verstehen nicht, was mit uns geschieht, sind verwirrt, verzweifelt und traurig. Wir haben unsere Seelenverträge vergessen, nur:
Seelenverträge – was bedeutet das?
Jeder von uns hat sich vor seiner Inkarnation auf der Erde einen Seelenplan festgelegt, in dem jede Herausforderung festgeschrieben ist, die unsere geistige Entwicklung fördert und uns auf den Weg zum Erwachen führt. Die Geistige Welt weiß um unsere Ängste und Nöte, unsere Herausforderungen, aber auch um unsere Sehnsüchte, Ziele und Wünsche, und möchte uns helfen zu verstehen, warum wir bestimmte Erfahrungen in unserem Leben machen.
Letztendlich geht es darum, im Einklang mit der Schöpferkraft und dem höchsten göttlichen Plan des Lichts zu leben – und die Schöpferkraft voll und ganz im Leben wirken zu lassen.

Leila Eleisa Ayach

Die Erbauer des Goldenen Zeitalters

Entstehung neuer Strukturen

112 Seiten, A5, broschiert, vierfarbig

ISBN 978-3-941363-87-8

Die Erbauer des Goldenen Zeitalters heißen Indigo-, Kristall- und Regenbogenkinder. Doch hier sind alle angesprochen, im Besonderen die Erwachsenen, unabhängig davon, ob sie Eltern sind oder nicht.
Die Kinder, die auf die Strukturen des Goldenen Zeitalters ausgerichtet sind, tragen Wissen und Lösungen in sich und verkörpern alle Eigenschaften des göttlich erwachten Menschen auf Erden. Durch ihr Sein erinnern sie uns immer wieder an unsere ureigenen Fähigkeiten, die wir längst vergessen haben.
Die Geistige Welt erinnert uns an verborgene Lösungen, die jeder von uns in sich trägt. Es geht um die Zukunft dieses Planeten und die Erschaffung von weltweitem Wohlstand und Fülle. Eine große Vision wird hier beschrieben, es ist ein Weckruf für eine ganze Generation. Wir alle tragen einen wichtigen Mosaikstein für die neu entstehenden Strukturen in uns.

Shalin Alisha Desmûn

Drachen, Menschen, Zwillingsflammen

152 Seiten, A5, broschiert

ISBN 978-3-95531-102-5

Der Weiße Drache führt die Leser noch tiefer in die gemeinsame Geschichte der Drachen und Menschen ein sowie in das wichtige Geheimnis der Zwillingsflammen und wie diese Seelen am Wandel der Neuen Zeit mitwirken. Er behandelt Bereiche aus der Lebendigen Bibliothek, die aus der Vergessenheit wieder ins Gedächtnis zurückgeholt werden sollen.

Außerdem berichtet er über seine persönliche Entwicklung und Aufgaben in Begleitung der Neuen Erde und erläutert wichtige Leserfragen wie zum Beispiel: Worin liegt das kraftvolle und großartige Potenzial für Liebe und Frieden auf Erden, wenn Menschen und Drachen wieder auf Herzensebene zusammenarbeiten?

Je mehr wir uns entwickeln, desto mehr Weisheit und Licht ziehen wir an, und am Ende sind wir alle EINS in der großen Weisheit des Schöpfers.

Michaela Mardonovic

Yogananda

Verwirklichde dein wahres, göttliches Selbst

200 Seiten, A5, broschiert, vierfarbig

ISBN 978-3-95531-105-6

Yogananda hat sich entschlossen – entgegen seiner damaligen Aussage –, noch einmal aus den geistigen Welten zu uns Menschen zu sprechen.

Wir erfahren grundlegende Wahrheiten über den Zusammenhang der geistigen und der materiellen Welt sowie über die Grundlagen des Lebens. Die Botschaften gehen direkt ins Herz und durchdringen unsere äußeren intellektuellen Schichten. Sie bieten Transformationskraft, berühren und erwecken in uns ein tieferes Wissen und bringen uns auf einen höheren Bewusstseinsstand.

Lies mit deinem Herzen. Erfasse die Aussagen und den Sinn hinter den Worten. Gehe auf die energetische Ebene der Botschaften und lass sie zu deinem höchsten und besten Wohl auf dich wirken.